UTE TIDOW

Aufwendungen und Vergütungen des Nachlaßpflegers

Schriften zum Bürgerlichen Recht

Band 127

Aufwendungen und Vergütungen des Nachlaßpflegers

Zugriff des Nachlaßpflegers auf den Nachlaß
zwecks Befriedigung

Von

Ute Tidow

Duncker & Humblot · Berlin

CIP-Titelaufnahme der Deutschen Bibliothek

Tidow, Ute:
Aufwendungen und Vergütungen des Nachlasspflegers: Zugriff des Nachlasspflegers auf den Nachlass zwecks Befriedigung / von Ute Tidow. – Berlin: Duncker u. Humblot, 1990
    (Schriften zum Bürgerlichen Recht; Bd. 127)
    Zugl.: Marburg, Univ., Diss., 1989
    ISBN 3-428-06852-1
NE: GT

Alle Rechte vorbehalten
© 1990 Duncker & Humblot GmbH, Berlin 41
Druck: Werner Hildebrand, Berlin 65
Printed in Germany

ISSN 0720-7387
ISBN 3-428-06852-1

Inhalt

A. Aufwendungen und Vergütungen des Nachlaßpflegers

    I. Problemstellung 9

    II. Aufwendungsersatz und Vergütung des Nachlaßpflegers 11

        1. Der Nachlaßpfleger 11

        2. Die Aufwendungen des Nachlaßpflegers 12

        3. Die Vergütung des Nachlaßpflegers 14

            a) Das Unentgeltlichkeitsprinzip 14

            b) Die Entstehung des Vergütungsanspruchs 16

                aa) Bewertungskriterium für die Vergütungsfestsetzung: Nachlaßvermögen ... 16

                    (1) Das gesamte Vermögen 17

                    (2) Das "Aktivvermögen" 18

                bb) Zweites Kriterium für die Vergütungsfestsetzung: Umfang und Bedeutung 18

        4. Die Vergütungshöhe 21

            a) Die Vergütungsrichtlinien für den Konkursverwalter 22

                aa) Analoge Anwendung der Vorschriften auf die Nachlaßpflegervergütung 22

                bb) Unterschied in Aufbau und Inhalt der § 85 KO und § 1836 BGB 24

                cc) Wesensgleichheit der Vergütungen 24

            b) Vergleichbarkeit mit der Vergütung des Testamentsvollstreckers 26

    Ergebnis Teil A 33

B. Die Geltendmachung dieser Ansprüche und die Befriedigungsreihenfolge

    I. Die Geltendmachung des Aufwendungsersatz- und des Vergütungsanspruchs 34

        1. Allgemeines 34

        2. Das Selbstbefriedigungsrecht des Nachlaßpflegers 35

            a) Barvermögen als Nachlaßgegenstand 36

            b) Sonstige Nachlaßgegenstände 36

            c) Umgehung des Verbotes des § 181 BGB 39

Inhalt

II. Die Befriedigungsreihenfolge der Nachlaßgläubiger 41

    1. Die Rangfolge von Forderungsrechten 42

    2. Die spezielle Befriedigungsreihenfolge bezüglich der Nachlaßgläubiger -
       das Erstzugriffsrecht des Nachlaßpflegers 42

       a) Reihenfolge aus §§ 1835, 1836 BGB 43

          aa) § 1836 BGB 43

          bb) § 1835 BGB 43

       b) Reihenfolge aus §§ 1990, 1991 BGB 43

       c) Analoge Anwendung der §§ 1990, 1991 BGB 45

       d) Anwendung des § 1979 BGB 47

       e) Die konkursmäßige Befriedigung 49

       f) Ergebnis 52

III. Möglichkeit des Erstzugriffs - Probleme und Einschränkungen 52

    1. Entstehung und Fälligkeit des Anspruchs 52

       a) Entstehung und Fälligkeit des Aufwendungsersatzanspruchs 53

       b) Entstehung und Fälligkeit des Vergütungsanspruchs 54

    2. Der Präventionsgrundsatz 54

       a) Der Rechtsgedanke der §§ 1978, 1979 BGB 56

       b) Anwendung der §§ 273, 387 BGB 59

          aa) Wirkung der Einreden 59

          bb) Die gegenüberstehenden Ansprüche 59

              (1) Die Aufrechnung gemäß § 389 BGB 60

              (2) Das Zurückbehaltungsrecht gemäß § 273 BGB 60

       c) Ungleichbehandlung zwischen Sicherungs- und Prozeßnachlaßpfleger 65

       d) Schutz der Nachlaßgläubiger durch Aufsicht des Nachlaßgerichts 66

   Ergebnis 67

    3. Einschränkung durch gesetzlich vorrangige Rechte - Pfandrechte - 68

       a) Vererblichkeit dinglicher Rechte 69

       b) Das Vermieterpfandrecht gemäß § 559 S.3 BGB 69

          aa) Entstehungszeitpunkt des Pfandrechts 69

              (1) Pfändbarkeit der Gegenstände 69

              (2) Zeitpunkt der Geltendmachung 70

              (3) Tod des Mieters 71

          bb) Bezugsperson für die Frage der Pfändbarkeit 71

              (1) Fortführung des Mietverhältnisses durch die Erben 71

              (2) Bezugnahme bezüglich der Pfändbarkeit auf die Erben 72

       c) Kollision des "Erstzugriffsrechts" des Nachlaßpflegers und der Sicherungs-
          rechte übriger Nachlaßgläubiger 74

Ergebnis Teil B 77

C. Aufwendungen und Vergütungen beim Rechtsanwalt als Nachlaß- pfleger und als "Berufsnachlaßpfleger"

- I. Problemstellung 78
- II. Die Vergütung 79
    - 1. Folge für die Anwendbarkeit des § 1836 BGB 79
    - 2. Die Höhe der Vergütung 80
        - a) Anwendung der BRAGebO 80
        - b) Anwendung des ZSEG 81
        - c) Anwendung der gleichen Kriterien wie beim "Einzelnachlaßpfleger" 82
- III. Die Aufwendungen 82
    - 1. Aufwendungen des Rechtsanwalts 82
    - 2. Ersatz des Zeitaufwandes und der anteiligen Bürounkosten 83
    - 3. Definition des "Berufsnachlaßpflegers" 86
    - 4. Ergebnis 88
- IV. Die Umsatzsteuer 88
    - 1. Die Steuerpflicht bezüglich der Vergütung 88
        - a) Der "Berufsnachlaßpfleger" 88
        - b) Der auf Grund seiner beruflichen Qualifikation berufene Rechtsanwalt 89
            - aa) Besteuerung nach § 1 Abs.1 Nr 1 USTG 89
            - bb) Steuerbefreiung gemäß § 4 Nr 26 b USTG 90
        - c) Höhe des Steuersatzes 91
    - 2. Abwälzung der Umsatzsteuer für die Vergütung auf die Erben 91
        - a) Erstattung der Steuer im Wege des Aufwendungsersatzes 92
        - b) Erstattung der Steuer über die Vergütung 93
            - aa) Die herrschende Meinung: Bezug der Billigkeit 93
            - bb) Vergleich mit anderen Vergütungsverordnungen 94
    - 3. Die Umsatzsteuer für die Aufwendungen 97
        - a) Versteuerung des Aufwendungsersatzes 97
        - b) Höhe des Steuersatzes 97
        - c) Abwälzung der Steuer auf die Erben 98
    - Ergebnis Teil C 98

Gesamtergebnis

A. Aufwendungen und Vergütungen des Nachlaßpflegers

I. Problemstellung

Das Amt des Nachlaßpflegers stellt auf Grund der Ähnlichkeit mit einer Pflegschaft für unbekannte Beteiligte gemäß § 1913 BGB und der daraus resultierenden Anwendung des Vormundschaftsrechts (vergl. § 1915 Abs.1 BGB)[1] ein Ehrenamt dar, zu dessen Übernahme jeder Deutsche nach §§ 1785, 1915 Abs.1, 1960, 1962 BGB verpflichtet ist. Die vom Nachlaßgericht bestellte Person kann das Amt *nur* bei Vorliegen eines der in § 1786 Abs.1 Nr. 1-8 BGB abschließend aufgeführten[2] Gründe ablehnen.

Besonderes Charakteristikum der Ehrenpflicht ist die unentgeltliche Ausübung des Amtes.[3] Diese ist für die Vormundschaft ausdrücklich in § 1836 Abs.1 S.1 BGB normiert. Sie gilt durch die Verweisungen der §§ 1915 Abs.1, 1962 BGB, 75 FGG auch für die Nachlaßpflegschaft. Diese strenge gesetzliche Regelung sowohl bezüglich der Übernahmepflicht als auch der Unentgeltlichkeit widerspricht aber der heutigen Praxis. Es stellt für die vom Nachlaßgericht beauftragte Person keine Ehre mehr dar, dieses Amt auszuführen, sein Ansehen in der Öffentlichkeit wird nicht angehoben - im Gegensatz zum Ende des 19. und Anfang des 20. Jahrhunderts. Der Nachlaßpfleger (Vormund) ist lediglich "Vermögensverwalter" auf Grund des Auftrages des Staates zur Wohlfahrtspflege.[4] Vom Nachlaßgericht wird daher keine Person mehr über die strikte Anwendung des Gesetzes zur Annahme der Nachlaßpflegschaft gezwungen. Selbst bei einer durch das Gericht getroffenen Auswahl erfolgt bei begründeter Ablehnung außerhalb der Gründe des § 1786 BGB keine Bestellung gemäß § 1789 BGB. Bei einem solchen Nachlaßpfleger, der lediglich auf Grund des gesetzlichen Zwanges sein Amt übernehmen muß, besteht aber die

---
[1] § 75 FGG
[2] LG Paderborn DAV 1974, 404 (405 f); Palandt-Diederichsen, § 1786 Anm 1; A.A.: LG Bielefeld, NJW-RR 1988, 713 (714)
[3] Meyers Taschenlexikon Bd 6 Stichwort "Ehrenamt"; Brockhaus Bd 3, Stichwort "Ehrenamt"
[4] Vergl. BVerfGE 54, 251 (268)

Gefahr, daß er seine Aufgaben nachlässig und ohne die erforderliche Sorgfalt mit Widerwillen ausführt. Abgesehen davon wird auch durch die Ehrenamtlichkeit die - bereits vom Gesetzgeber befürchtete[5] - Abneigung gegen den Vormundschaftsdienst bzw. die Nachlaßpflegschaft gesteigert. In der heutigen Zeit besteht in der Regel keine Bereitschaft, derartige Ämter als Ehrenämter, ohne Vergütung, zu übernehmen. Die wirtschaftliche Lage des Einzelnen und die gesamte wirtschaftliche Struktur führen in der Regel - abgesehen von der Übernahme auf Grund von Verwandtschaft, Freundschaft - zu einer "Ablehnung" des Amtes mit der obengenannten Folge und der Konsequenz durch das Nachlaßgericht.

Infolgedessen gewinnt die in § 1836 Abs.1 S.2 BGB bestimmte ausnahmsweise Festsetzung der Vergütung für den Nachlaßpfleger (Vormund) besondere Bedeutung - ohne aber dadurch einen Vergütungsanspruch zu postulieren -, obwohl dem Nachlaßpfleger ein Aufwendungsersatzanspruch gemäß § 1835 BGB und/oder ein Vorschuß zusteht.[6] Die Aufwendungen erfassen aber nur die baren Auslagen. Dieser bereits während der Nachlaßpflegschaft entstehende Aufwendungsersatzanspruch und der nach der Festsetzung durch das Nachlaßgericht bestehende Vergütungsanspruch[7] sollen im Interesse des Nachlaßpflegers zügig erfüllt werden. Der Nachlaßpfleger soll nicht verpflichtet sein, für die grundsätzlich ehrenamtliche Aufgabe aus seinem Vermögen "zuschießen" zu müssen.

Die Erfüllung dieser Ansprüche durch den Schuldner, d.h. den Erben stößt aber in vielen Fällen auf Schwierigkeiten, da die zukünftigen Erben oft erst ermittelt werden müssen. Der Nachlaßpfleger wäre also auf die gerichtliche Geltendmachung verwiesen. Das Nachlaßgericht wird seine Entscheidung auf Grund der Beweislage oftmals aber erst bei Beendigung der Nachlaßpflegschaft treffen, mit der Folge, daß der Nachlaßpfleger u.U. 10 und mehr Jahre auf seine Vergütung bzw. seinen Aufwendungsersatz warten müßte. Diese zwar grundsätzlich den Interessen des Erben entsprechende lange Auslagepflicht des Nachlaßpflegers führt aber insbesondere in den Fällen der "erzwungenen" Nachlaßpflegschaft dazu, daß der Nachlaßpfleger in Versuchung gerät, seine Ansprüche aus dem in seinem Besitz befindlichen Nachlaßvermögen zu

---

5 Motive IV S. 1182
6 § 1835 BGB ist nach herrschender Meinung eine Ausnahme des Unentgeltlichkeitsprinzips: so: BVerfGE 54, 251 (267); BayObLG FamRZ 1977, 558 (559); a.A.: MK-Schwab, § 1836 Rz 1
7 Bezüglich der Entstehung siehe auch die Ausführungen B III 1

befriedigen. Es entsteht ein Interessenkonflikt zwischen den Erben, den Nachlaßgläubigern und dem Nachlaßpfleger. Gesteht man dem Nachlaßpfleger ein *Entnahmerecht* aus dem Nachlaß mit der Folge der Befriedigung seiner Ansprüche zu, so wird er eher sein Amt ordnungsgemäß ausführen, als wenn er auf seine Befriedigung Jahre bzw. sogar Jahrzehnte warten muß. Auf der anderen Seite führt diese Möglichkeit aber zu der Gefahr, daß der Nachlaßpfleger den Nachlaß lediglich zum Zwecke der eigenen Befriedigung in Besitz nimmt und dadurch die Erben und die Nachlaßgläubiger auf das verbleibende Nachlaßvermögen verweist. So nimmt der Nachlaßpfleger z.B. die sich in der Wohnung des Erblassers befindlichen Gegenstände in Besitz. Ohne weitere Tätigkeiten auszuführen veräußert er einen Teil der Einrichtung und behält die Gegenleistung als berechneten Vorschuß ein. Als einzige Handlung im Rahmen seiner Nachlaßpflegertätigkeit erfolgt nur noch die Beratung des Erben zu Ausschlagung der Erbschaft.

Zur Lösung dieses Problems zwischen Erben und Nachlaßgläubigern auf der einen Seite und den Interessen des Nachlaßpflegers auf der anderen und der Frage einer eventuell bestehenden Rangfolge im Rahmen der Befriedigung durch den Nachlaßpfleger ist aber zunächst detaillierter auf die Entstehung und die Höhe des Aufwendungsersatzanspruches und der Vergütung gemäß §§ 1835, 1836, 1915 Abs.1, 1960, 1962 BGB einzugehen.

II. Aufwendungsersatz und Vergütung des Nachlaßplegers

1. Der Nachlaßpfleger

Das BGB geht grundsätzlich davon aus, daß die Behandlung des Nachlasses Sache der Erben ist. Sie haben den Erbfall abzuwickeln und die Nachlaßgläubiger zu befriedigen. Nur in ganz besonderen, gesetzlich geregelten Fällen ist eine gewisse staatliche Fürsorge geboten. Diese ist Aufgabe des Nachlaßgerichts, z.B. im Rahmen der Testamentseröffnung, §§ 2259 ff BGB, der Erbscheinserteilung, §§ 2353 ff BGB, der Ausschlagung einer Erbschaft, § 1945 BGB und der Nachlaßsicherung, §§ 1960 f BGB. Letztere wird vom Nachlaßgericht durch die in § 1960 Abs.2 BGB beispielhaft[8] aufgeführten, im pflichtgemäßen Ermessen stehenden, Maßnahmen wie Siegelanlegung, Hinterlegung,

---
8 MK-Leipold, § 1960 Rz 25; Firsching, IV C S. 128; Palandt-Edenhofer, § 1960 Anm 4

Aufstellung eines Nachlaßverzeichnisses, Bestellung eines Nachlaßpflegers etc. ausgeübt, wenn der Erbe unbekannt ist oder wenn die Annahme noch nicht erfolgt bzw. ihre Wirksamkeit in Zweifel steht. Dazu kommt die Notwendigkeit eines Bedürfnisses im Interesse des zukünftigen Erben an der Sicherung des Nachlasses. Dieses entfällt bei der Verwaltung des Nachlasses durch eine zulässige Person, den vorläufigen Erben, den Ehegatten, die Eltern, etc. Bei der in der Paxis wichtigsten und gebräuchlichsten Sicherungsmaßnahme, der Nachlaßpflegschaft,[9] unterscheidet man nach dem Grund der Bestellung die sog. Sicherungspflegschaft gemäß § 1960 Abs.2 BGB und die Prozeßpflegschaft nach § 1961 BGB.

Die folgenden Erörterungen betreffen ausschließlich den Sicherungspfleger, dem im Gegensatz zum Prozeßnachlaßpfleger[10] die Sicherung und Erhaltung des Nachlasses im Interesse des zukünftigen Erben und der Nachlaßgläubiger obliegt. Dem Erben ist das *gesamte* Nachlaßvermögen zu erhalten. Er soll nicht Nachlaßverbindlichkeiten aus seinem Privatvermögen tilgen müssen, solange das Nachlaßvermögen ausreicht. Auch den Nachlaßgläubigern steht dadurch die größtmögliche Vermögensmasse zur Verfügung, aus der sie ihre Befriedigung u.U. im Wege der Zwangsvollstreckung suchen.[11] Bei der Ausübung dieser Verwaltungstätigkeit des Sicherungspflegers gemäß § 1960 Abs.2 BGB wird der Nachlaßpfleger nach herrschender Meinung nicht für den Nachlaß als solchen tätig,[12] sondern im Wege der Personalpflegschaft als gesetzlicher Vertreter des zukünftigen Erben,[13] entsprechend der Aussagen der Motive[14] und des Gesetzeswortlautes "Pfleger für denjenigen, der Erbe wird."

2. Die Aufwendungen des Nachlaßpflegers

Gemäß der §§ 1835, 670, 1915 Abs.1, 1960, 1961 BGB kann der Nachlaßpfleger von den zukünftigen Erben nach den für den Auftrag, §§ 667 ff BGB, geltenden Vorschriften Ersatz seiner zum Zwecke der Führung der Nachlaß-

---

9 Brand/Kleef, S. 455; Kipp/Coing, § 125 I; Palandt-Edenhofer, § 1960 Anm 5
10 Der Prozeßpfleger wird gemäß § 1961 BGB auf Antrag der Nachlaßgläubiger zum Zwecke der gerichtlichen Geltendmachung ihrer Ansprüche gegen den Nachlaß bestellt.
11 Vergl.: Koeßler, JherJb 64, 412 (413 f)
12 So aber, eine cura rei annehmend: Goldschmidt, S. 37 ff; Hellwig, S. 73
13 So die ganz h.M. in Rechtsprechung und Literatur: vergl. dazu: Staud.-Otte/Marotzke, § 1960 Rz 23 m.w.N. Dagegen lehnt v. Lübtow (Bd II S. 754) jegliche Vertretereigenschaft ab und sieht, wie im Endeffekt auch Zieglitrum (S. 122-137) den Nachlaßpfleger als Träger eines privaten Amtes. Dieser tritt im Prozeß als Partei kraft Amtes auf.
14 Motive V S. 548 ff

II. Aufwendungsersatz und Vergütung des Nachlaßpflegers

pflegschaft[15] von ihm als erforderlich angesehenen[16] getätigten Aufwendungen oder einen Vorschuß gemäß § 669 BGB verlangen. Die Verweisung in § 1835 Abs.1 S.1 BGB auf § 670 BGB beinhaltet, daß unter den Aufwendungen die freiwilligen Vermögensopfer,[17] wie auch nach h.M. die durch die mit dem Auftrag verbundene spezifische Gefahr eingetretenen Schäden[18] zu verstehen sind, die seitens des Nachlaßpflegers zwecks Führung der ihm obliegenden Aufgaben getätigt wurden.[19] Der Gegenstand der Aufopferung muß also ein Vermögenswert des Nachlaßpflegers darstellen, sei er rechtlicher oder wirtschaftlicher Art.[20] Zu diesen Aufwendungen gehören gemäß § 1835 Abs.1 BGB bare Auslagen (Porto- und Reisekosten, Kleidung etc.), grundsätzlich aber unter Berücksichtigung des Unentgeltlichkeitsprinzips gemäß § 1836 BGB *nicht* die für den "Mündel" eingesetzte Arbeitszeit und der aufgebrachte Zeitaufwand, d.h. Arbeitszeit und Arbeitsaufwand.[21] Eine Ausnahme dieses Prinzips ist in § 1835 Abs.2 BGB normiert. Danach gelten als ersatzfähige Aufwendungen auch diejenigen, die zu dem Beruf oder Gewerbe des Vormunds gehören.[22]

Da ein Nachlaßpfleger in der Regel auch Dienste für die Nachlaßpflegschaft verrichtet, die er im Rahmen seiner Berufsausübung erbringt, würde die wörtliche Anwendung der Bestimmung einem Nachlaßpfleger - wenn schon gemäß § 1836 Abs.1 S.1 BGB kein Vergütungsanspruch besteht - eine "Entschädigung" in Form von Aufwendungen gewähren. Sie führt quasi zu einer Aufhebung des Grundsatzes der Unentgeltlichkeit gemäß § 1836 Abs.1 S.1 BGB. Es ist aber nicht Sinn und Zweck des § 1835 Abs.2 BGB, denjenigen Nachlaßpfleger zu benachteiligen, der weder einen Beruf noch ein Gewerbe ausübt, von dem er im Rahmen der Nachlaßpflegschaft Gebrauch machen könnte.

Auch der Erbe bzw. der Nachlaß soll nicht durch einen besonders spezialisierten Einzelnachlaßpfleger, der zur Ausübung seiner Tätigkeit keinen wei-

---

[15] Vergl. dazu zum Auftrag: RGZ 75, 208 (212 f); RGZ 95, 51 (53); RGZ 122, 298 (303); MK- Seiler, § 670 Rz 8
[16] Der Nachlaßpfleger hat nach seinem persönlichen Ermessen zu entscheiden: RGZ 149, 205 (207, 208); Soergel-Mühl, § 670 Rz 1; Medicus, 185 104 III 1 a; Staud.-Wittmann, § 670 Rz 9
[17] RGZ 95, 51 (53); Esser/Weyers, § 35 III 2
[18] MK-Seiler, § 670 Rz 14; Larenz, Schuldrecht BT § 56 III
[19] Schäden, die bei Gelegenheit entstehen werden nach ganz h.M. nicht ersetzt. Vergl. dazu nur: Staud.-Wittmann, § 670 Rz 5 m.w.N.; Dölle, § 129 I 1; Haegele, S. 26
[20] Zieglrum, S. 234; Dölle, § 129 I 1; MK-Schwab, § 1835 Rz 11; Göttlich/Mümmler, Stichwort "Vormund" 3. 1
[21] MK-Schwab, § 1835 Rz 7; Soergel-Damrau, § 1835 Rz 3
[22] Siehe C III

teren "Sachverständigen" heranziehen muß, bereichert werden. Eine derartige Auslegung würde der Gefahr der Subjektivität des Nachlaßgerichts bei der Bestellung des Nachlaßpflegers Vorschub leisten. Daher muß bei *Einzelnachlaßpflegern*[23] grundsätzlich § 1835 Abs.2 BGB restriktiv verstanden werden. Der Arbeitsaufwand eines solchen Nachlaßpflegers ist nur dann zu ersetzen, wenn dem Erben bzw. dem Nachlaß fachmännische Hilfe zugute kommt, die er normalerweise einem Dritten, der für derartige Dinge besonders ausgebildet ist, übertragen hätte.[24] Die Höhe dieses Ersatzes bemißt sich nach der beruflichen Tätigkeit des Nachlaßpflegers. Er erhält den Wert, den er einem Dritten für eine derartige Handlung in Rechnung gestellt hätte.[25] So kann der Arzt nach der GOÄ, der Architekt nach der HOAI und der Rechtsanwalt[26] entsprechend der BRAGebO eine "Entschädigung" im Rahmen des § 1835 Abs.2 BGB verlangen.

3. Die Vergütung des Nachlaßpflegers

a) Das Unentgeltlichkeitsprinzip

Der auf Grund der Staatsbürgerpflicht bestehende Grundsatz der Unentgeltlichkeit der Führung einer Nachlaßpflegschaft gemäß §§ 1836 Abs.1 S.1, 1785, 1915 Abs.1, 1960, 1962 BGB könnte, insbesondere wenn die Nachlaßpflegschaft eine erhebliche Belastung darstellt, zu einem Eingriff in die allgemeine Handlungsfreiheit des Art 2 Abs.1 GG bzw. bei jemandem, der das Amt des Nachlaßpflegers beruflich ausübt, in die Berufsfreiheit des Art 12 Abs.1 GG[27] führen und einen Verstoß gegen den Gleichheitssatz des Art 3 Abs.1 GG ergeben. Diese Gefahr liegt nicht nur in den Fällen vor, in denen die Nachlaßpfleger auf Grund ihrer Staatsbürgerpflicht zur Übernahme des Amtes gezwungen sind. Auch bei der "freiwilligen" Übernahme durch die Berufswahl besteht der Grundsatz der Unentgeltlichkeit.[28]

---

23 Zu den eine Nachlaßpflegschaft auf Grund ihrer beruflichen Qualifikation Übernehmenden, z.B. Rechtsanwälte und die sog. "Berufsnachlaßpfleger": Vergl. C
24 KGJ 45, 55 (59); OLG Frankfurt, MDR 1961, 691 (692); OLG Zweibrücken, RPfl. 1983, 312; Behr/Weber/Frohn-Weber S. 39; Soergel-Damrau, § 1835 Rz 4; vergl. MK-Schwab, § 1835 Rz 13; vergl. C III
25 Vergl. auch die Regelung bei dem Auftrag, §§ 667 ff BGB
26 Vergl. zum Aufwendungsersatzanspruch und der Vergütung eines Rechtsanwalts als "Berufsnachlaßpfleger": C
27 Siehe C
28 Siehe C I, II

II. Aufwendungsersatz und Vergütung des Nachlaßpflegers

Das BVerfG hat jedoch in seinem Urteil vom 1. Juli 1980[29] die vormundschaftlichen Normen, §§ 1835, 1836 BGB in bezug auf die Führung von Vormundschaften durch Rechtsanwälte, insgesamt - wenn auch mit Bedenken - für verfassungsgemäß erklärt.[30] Diese Bedenken bezogen sich nicht lediglich auf die Führung der Vormundschaften durch Rechtsanwälte, sondern auch auf Einzelvormundschaften und zwar dahingehend, daß bei schwieriger und eine erhebliche Belastung für den Vormund darstellender Amtsführung das Verhältnis der Errichtung und Verwaltung von Vormundschaften als oberster Aufgabe der staatlichen Wohlfahrtspflege[31] und des Ehrenamtes jedes Deutschen nicht korrespondiert und dadurch der Grundsatz der Verhältnismäßigkeit nicht mehr gewahrt ist. Auch stellen die Verfassungsrichter die Frage, ob nicht durch die Bezugnahme des § 1836 Abs.1 S.2 BGB auf das Vorhandensein von Mündelvermögen die persönliche Betreuung des Mündels gegenüber der Vermögensverwaltung zu sehr in den Hintergrund tritt.[32] Zwar kann aus diesem, sich auf die Vormundschaft beziehenden Urteil nicht unmittelbar die Verfassungsmäßigkeit der Unentgeltlichkeit der Führung von Nachlaßpflegschaften entnommen werden, aber über §§ 1915 Abs.1, 1960, 1962 BGB sind grundsätzlich die vormundschaftsrechtlichen Vorschriften auf die Nachlaßpflegschaft anzuwenden. Wie die Vormundschaft ist auch die Nachlaßpflegschaft eine staatliche Fürsorgemaßnahme, obwohl zwischen beiden Institutionen ein gravierender Unterschied besteht: Die Vormundschaft als Surrogat der elterlichen Sorge[33] bezieht sich primär auf die Personensorge des Mündels und ist nicht wie die Nachlaßpflegschaft hauptsächlich an dem Vermögen orientiert. Insofern ergibt sich bei der Nachlaßpflegschaft nicht das Bedenken der durch die Vergütungsregelung des § 1836 BGB bestehenden Gefahr des ungleichen Verhältnisses zwischen Vermögensverwaltung und persönlicher Betreuung.[34] Eine Anknüpfung der Vergütung an das Nachlaßvermögen ist somit ohne Bedenken möglich. Demgegenüber lassen sich die Bedenken des BVerfG bezüglich der Verhältnismäßigkeit des Eingriffs in die allgemeine Handlungsfreiheit (Art 2 Abs.1 GG) des Vormundes auf den Nachlaßpfleger übertragen. Auch er wird vom Staat für sein Amt bestellt und muß schwierige und umfangreiche Pflegschaften ausüben. Somit kann das Urteil des BVerfG

---

29 BVerfGE 54, 251 ff
30 BVerfGE 54, 251; vergl. auch: Damrau FS Mühl, S. 123 ff; MK-Schwab, § 1835 Rz 4,9
31 BVerfGE 10, 301 (311); BVerfGE 54, 251 (269)
32 BVerfGE 54, 251 (269)
33 Gernhuber, § 64 I
34 Siehe dazu KG OLGZ 81, 176 (177)

bezüglich der Regelungen der §§ 1835, 1836 BGB, wenn auch nur bedingt auf die Nachlaßpflegschaft angewandt werden, mit der Folge, daß auch der Aufwendungsersatzanspruch und die Vergütungsregelungen hinsichtlich des Nachlaßpflegers den verfassungsrechtlichen Aspekten entsprechen. Von diesem verfassungsmäßigen Grundsatz der Unentgeltlichkeit ist gemäß §§ 1836 Abs.1 S. 2, 1915 Abs.1, 1960 BGB eine Ausnahme dahingehend zu machen, daß das Nachlaßgericht dem Nachlaßpfleger trotz der Regelung in § 1836 Abs.1 S. 1 BGB eine Vergütung gewähren kann. Diese Vergütung ist aber weder als eine Bezahlung, eine vertragliche Gegenleistung des Nachlaßpflegers für dessen geleistete Dienste, noch als eine bloße Belohnung anzusehen.[35] Sie bildet vielmehr eine Entschädigung für die Müheverwaltung und die Dienst- und Zeitversäumnis des Nachlaßpflegers, die er in fremdem Interesse, d.h. im Interesse desjenigen, der Erbe wird, zur Sicherung des Nachlasses aufgewandt hat.[36]

b) Die Entstehung des Vergütungsanspruchs

Für die Entstehung eines derartigen Anspruchs ist im Gegensatz zu dem Aufwendungsersatz nicht lediglich die Vornahme von gewissen Handlungen notwendig. Voraussetzung ist, daß die Vergütung vom Nachlaßgericht festgesetzt wird. Dieser Festsetzungsbeschluß, der insbesondere für bestimmte Teilabschnitte während oder auch (in der Regel) am Ende der Nachlaßpflegschaft erfolgen kann,[37] beinhaltet zwar keinen Titel im Sinne von §§ 704, 794 ZPO, aber durch ihn wird der Anspruch gegen den Erben konstituiert. Die Entscheidung des Nachlaßgerichts, d.h. gemäß §§ 3 Nr 2c, 14, 16 Abs.1 Nr 1 RPflG des Rechtspflegers, *ob* dem Nachlaßpfleger eine Vergütung zu gewähren ist, hängt gemäß § 1836 Abs.1 S.3 BGB von dem Vermögen des Mündels (Nachlasses) sowie dem Umfang und der Bedeutung der Geschäfte ab.

aa) Das erste Bewertungskriterium bezieht sich bei dem Vormund auf Grund der gesetzlichen Festlegung seines umfassenden Tätigkeitsbereichs in § 1793 BGB auf das gesamte Vermögen des Mündels.

---

[35] KG OLGZ 18, 293, (294)
[36] Zieglrum, S. 245; Haegele, S. 26
[37] KGJ 45, 48 (49); KGJ 53, 77 (78); Höver, DFG 1940, 9 (10); Erman-Holzhauer, § 1836 Rz 6

II. Aufwendungsersatz und Vergütung des Nachlaßpflegers

(1) Da der Aufgabenbereich des Nachlaßpflegers im Gegensatz zum Vormund (vergl. § 1793 S.1 BGB)[38] vom Nachlaßgericht individuell festgelegt wird und der Umfang des zu verwaltenden Vermögens differiert, könnte für die Bewilligung der Vergütung der vom Nachlaßpfleger tatsächlich verwaltete Vermögenswert ausschlaggebend sein.[39]

Als Begründung für diese Ansicht wird die Entstehungsgeschichte des § 1836 BGB angeführt. § 1836 BGB geht auf die preuß. VormO. vom 5.7.1875 (§ 34) zurück, nach der lediglich auf den Umfang der Vermögensverwaltung für die Höhe der Vergütung abzustellen war. Eine solche Vermögensverwaltung ist danach nicht gegeben, wenn die Befugnisse des Verwalters sich von vornherein auf eine einzelne ganz bestimmte Maßnahme beschränken. Die Folge dieser Ansicht wäre die Versagung einer Vergütung bei "eingeschränkter" Nachlaßpflegertätigkeit. Den Motiven ist eine derartige Notwendigkeit der Vermögensverwaltung jedoch nicht zu entnehmen. Sie erklären vielmehr eine Aufnahme einer Vorschrift entsprechend § 83 Abs.4 preuß.VormO. -Vergütung auch bei nicht umfangreicher Vermögensverwaltung - für überflüssig, da nach § 1836 BGB kein Bedürfnis dafür bestehe.[40] Für die Bezugnahme auf das Gesamtvermögen spricht ebenfalls die bei der Nachlaßpflegschaft gegebene Einschränkung des Amtes nur auf die Erbenermittlung. Für diese primäre - den Ausgangspunkt für die Schaffung dieses Instituts bildende - Aufgabe erhielte der Nachlaßpfleger keine Vergütung. Dies widerspricht der Regelung der §§ 1836 Abs.1 S.2, 1915 Abs.1, 1960, 1962 BGB und dem Sinn und Zweck der Nachlaßpflegschaft.

Auf der anderen Seite könnte man jedoch eine Einschränkung lediglich auf das verwaltete Vermögen befürworten, da der Nachlaßpfleger den Nachlaßgläubigern grundsätzlich gemäß §§ 2012 Abs.1 S. 2, 260 Abs.1 BGB nur zur Auskunftserteilung des "herauszugebenden Inbegriff des Vermögens" verpflichtet ist. Verwaltet der Nachlaßpfleger lediglich einen Teil des Nachlasses, so obliegt ihm eine Herausgabepflicht nur bezüglich dieser Gegenstände. Er hat danach nur über diese Teile des Vermögens Auskunft zu erteilen.[41] Demgegenüber hat aber der Nachlaßpfleger dem Nachlaßgericht gemäß §§ 1802,

---

38 § 1793 BGB ist auf die Nachlaßpflegschaft trotz §§ 1915 Abs.1, 1960 BGB nicht anwendbar, da der Wirkungskreis des Nachlaßpflegers gemäß § 1960 Abs.1 S.1 iVm Abs.2 BGB vom Bedürfnis abhängt. Staud.-Otte/Marotzke, § 1960 Rz 40; Ziegltrum, S. 245
39 So: KGJ 45, 44 (46); KG, JFG 11, 74 (74,75)
40 So: RGZ 147, 317 (319); Mugdan, IV S. 627
41 Vergl. dazu: Staud.-Selb, § 260 Rz 15

1915 Abs.1, 1960, 1962 BGB ein Vermögensverzeichnis zu erstellen. Dieses umfaßt mangels Einschränkung entsprechend § 1640 Abs.1 S.1 BGB das gesamte Nachlaßvermögen (Vermögen des Mündels). Dem Vormundschafts- bzw. Nachlaßgericht soll ein Gesamtüberblick über die vermögensrechtliche Situation des Mündels zur Erleichterung der Wahrung dessen Interessen hinsichtlich der Teile des Vermögens, die dem Verwalter nicht unterliegen,[42] ermöglicht werden.

Somit ist auch in den Fällen, in denen dem Nachlaßpfleger nur ein beschränkter Wirkungskreis bezüglich des Nachlasses übertragen worden ist, für eine ordnungsgemäße Erfüllung eine Gesamtschau des Vermögens notwendig.

(2) Unter dem Begriff "Vermögen" im Sinne von § 1836 Abs.1 S. 3 BGB versteht der überwiegende Teil der Rechtsprechung und Literatur[43] das reine *Aktivvermögen*.

Auf Grund des Sprachgebrauchs liegt es jedoch nahe, von einem "eingeschränkten Vermögen" in der Form des tatsächlichen Wertes des Vermögens, des Reinvermögens, ausgehen.[44] Die Gleichsetzung des Begriffs Vermögen in § 1836 BGB mit dem Reinvermögen würde jedoch bei Übersteigen der Passiva gegenüber den Aktiva dazu führen, daß die Vergütung versagt werden müßte, obwohl ein erhebliches Aktivvermögen vorhanden ist.[45] Gerade in diesen Fällen hat der Nachlaßpfleger in der Regel wesentlich mehr Arbeit als bei Nachlässen, die keine oder nur eine geringe Anzahl von Verbindlichkeiten enthalten.[46] Infolgedessen ist mit der herrschenden Meinung für die Bestimmung der Vergütung des Nachlaßpflegers von dem reinen Aktivvermögen ohne Einschränkung auszugehen

bb) Auf Grund des Wortlautes des § 1836 Abs.1 BGB sind neben dem Vermögen der Umfang und die Bedeutung der Geschäfte des Nachlaßpflegers für die Vergütung heranzuziehen. Ausschlaggebend sind neben dem, dem Nach-

---

[42] KG RJA 17, 34 (35); Staud.-Engler, 11. Aufl., § 1802 Rz 4; MK-Schwab, § 1802 Rz 7; Erman-Holzhauer, § 1802 Rz 4; Gernhuber, § 66 II 2; Dölle, § 126 II 1 a; a.A.: Nur das verwaltete Vermögen ist zu verzeichnen: Opet/v.Blume-v.Blume, § 1802 Anm 1
[43] RGZ 149, 172 (173); BayObLG NJW 1960, 101; BayObLGZ 1986, 448 (449); Möhring, S. 263; MK-Schwab, § 1836, Rz 6; Soergel-Damrau, § 1836 Rz 4
[44] Meyers Taschenlexikon Bd. 23 Stichwort "Vermögen"
[45] Behr/Weber/Frohn-Weber S. 29
[46] RGZ 149, 172 (178); Höver, DFG 1940, 9

II. Aufwendungsersatz und Vergütung des Nachlaßpflegers

laßpfleger übertragenen Wirkungskreis,[47] eine eventuelle besondere Müheverwaltung[48] und unter Umständen die Dauer des Amtes, wobei dies aber nur eingeschränkt zu berücksichtigen ist, da ansonsten der Nachlaßpfleger selbst sein Amt möglichst lange ausdehnen würde, um eine hohe Vergütung zu erhalten. Es ist nicht die Länge des Amtes, sondern die Beeinflussung des Tätigkeitsaufwandes durch die Tätigkeitsdauer bestimmend.[49] Diese gesetzlich normierten Bewilligungsvoraussetzungen legen den Schluß einer abschließenden Enumerativregelung nahe.

Eine solche restriktive Auslegung des Gesetzes ist aber zu eng. § 1836 BGB stellt eine *Sollvorschrift* dar, die in bezug auf die grundsätzliche Unentgeltlichkeit der Nachlaßpflegschaft lediglich verhüten will, daß ohne Vorliegen der hervorgehobenen Umstände eine Vergütung festgesetzt wird.[50] Der die Vergütung festsetzende Rechtspfleger, §§ 3 Nr 2 c, 14, 16 Abs.1 Nr 1 RPflG, hat, da es sich um eine Entscheidung im Rahmen der freiwilligen Gerichtsbarkeit ohne Antragspflicht handelt gemäß § 12 FGG die von Amts wegen einzuleitenden und durchzuführenden Ermittlungen so weit auszudehnen, wie es der Sachlage nach erforderlich ist. Für die in sein Ermessen gestellte Entscheidung hat er zur pflichtgemäßen Ausübung seines Amtes sämtliche Umstände, die für die Entscheidung in diesem Fall erheblich sein können zu berücksichtigen,[51] wie z.B. das mit dem Umfang der Tätigkeit eng verbundene Risiko der Haftung des Nachlaßpflegers.[52]

Nach der herrschenden Meinung ist ebenfalls Erfolg und Mißerfolg bei der Bewilligung zu berücksichtigen.[53] Letzterer umfaßt auch jegliche mißbräuchliche Handlung. Dies ist der Fall, wenn der Nachlaßpfleger im Rahmen seines Amtes Tätigkeiten ausübt, durch die er bewußt die Interessen der zukünftigen Erben und/oder der Nachlaßgläubiger beeinträchtigt. Er nutzt seine weite Kopetenz und den Besitz des Nachlaßvermögens in unzulässiger Weise aus. Die Gefahr des Entstehens eines solchen Mißbrauchstatbestandes ist z.B. auch durch die Möglichkeit der Selbstbefriedigung des Nachlaßpflegers aus dem

---

47 Ziegltrum, S. 247
48 Höver, DFG 1940, 9; Ziegltrum, S. 247
49 Mugdan, IV S. 626, 627; Protokolle, IV S. 817 f
50 KGJ 45, 48 (52,53)
51 Vergl.: KGJ 45, 48 (52/53); Keidel/Kuntze/Winkler, § 12 Rz 53 f; Jansen, § 12 Rz 38 f
52 Ziegltrum, S. 247; Schmidt, Geschäftsf. S. 50
53 KG JW 1937, 283; Schmidt, NJW 1968, 799 (799,800); Gernhuber § 65 VII 3 Fn 10

20   A. Aufwendungen und Vergütungen des Nachlaßpflegers

Nachlaßvermögen gegeben,[54] wenn der Nachlaßpfleger sich Geld/Gegenstände zur Befriedigung seiner Ansprüche entnimmt, *ohne* sonstige Tätigkeiten auszuüben.[55] Auf der anderen Seite stellt aber die Pflegervergütung kein an den Erfolg gebundenes Honorar dar[56] und auch das Schutzbedürfnis des zukünftigen Erben erfordert eine Versagung oder niedrigere Bemessung bei oberflächlicher oder nachlässiger Führung nicht. Eine uneingeschränkte Befürwortung der Berücksichtigung derartiger Kriterien durch das Nachlaßgericht würde aber dazu führen, daß dieses bei der Frage der Vergütungsbewilligung in die Prüfung darüber eintreten müßte, ob der Nachlaßpfleger die gebotene Sorgfalt verletzt hat. Diese Wertung steht jedoch nur dem Prozeßgericht zu, das über etwaige Schadensersatzansprüche des Erben gegen den Pfleger zu entscheiden hat. Das Nachlaßgericht hat zwar während der Ausübung der Nachlaßpflegschaft gemäß §§ 1837, 1915 Abs.1, 1960, 1962 BGB die Möglichkeit wegen Pflichtwidrigkeiten, d.h. Rechtsverstößen und Handeln gegen das Interesse des zukünftigen Erben[57] einzuschreiten. Es kann die Einhaltung der gesetzlich normierten Pflichten (vergl. §§ 1806 ff, 1812, 1814 ff, 1821 ff BGB usw.) durch Anordnung von Ordnungsstrafen (Zwangsgeld) fordern. Bei Nichtbefolgung hat das Nachlaßgericht (Vormundschaftsgericht) sogar das Recht, den Nachlaßpfleger gemäß §§ 1886, 1915 Abs.1, 1960, 1962 BGB zu entlassen.

Diese Aufsichts-, Überwachungs- und Beratungspflicht bezieht sich aber nicht auf Zweckmäßigkeitsfragen. Der Nachlaßpfleger führt sein Amt selbständig und in eigener Verantwortung aus.[58] Entsteht durch diese pflichtwidrige Ausübung des Amtes dem "Mündel" aber ein Schaden, so ist der Vormund gemäß § 1833 BGB diesem zum Schadensersatz verpflichtet. Einen derartigen Anspruch kann nicht das Vormundschaftsgericht gegenüber dem Vormund geltend machen, denn bei diesem Ersatzanspruch handelt es sich nicht um die Erfüllung einer sich aus der Nachlaßpflegschaft ergebenden Pflicht, zu der der Nachlaßpfleger gemäß § 1837 BGB gezwungen werden kann. Zwar ist der Schaden durch die Verletzung einer vormundschaftlichen Pflicht entstanden, aber dessen Erfüllung erfolgt durch den Nachlaßpfleger als Schuldner des zukünftigen Erben im Rahmen eines durch die Pflichtwidrigkeit entstandenen

---

54 Siehe A I
55 Siehe A I a.E
56 LG Berlin 83 t 41/71 unveröffentlicht
57 Vergl. MK-Schwab, § 1837 Rz 13
58 Ziegltrum, S. 115; Möhring, S. 157; Staud.-Engler, § 1837 Rz 6; einschränkend: MK-Schwab, § 1837 Rz 19

Schuldverhältnisses.[59] Infolgedessen ist ein Schadensersatzanspruch des zukünftigen Erben vor dem Prozeßgericht geltend zu machen.[60] Wird der Anspruch vor Beendigung der Nachlaßpflegschaft geltend gemacht (vergl. § 1843 Abs.2 BGB) ist dem zukünftigen Erben (Mündel) ein Pfleger zu bestellen. Das Nachlaßgericht hat somit nur in engen Grenzen die Möglichkeit und das Recht, Erfolg und Mißerfolg als Bewilligungsgesichtspunkte bei der Vergütung heranzuziehen. Bei der Frage des mißbräuchlichen Verhaltens im Falle der Entnahme ohne vorherige und nachfolgende Tätigkeiten ist jedoch auch schon bei der Beurteilung nach dem Umfang und der Bedeutung der Geschäfte die Versagung der Vergütung naheliegend bzw. sogar zwingend notwendig.

4. Die Vergütungshöhe

Ist das Nachlaßgericht, der Rechtspfleger gemäß §§ 3 Nr 2c, 14, 16 Abs.1 Nr 1 RPflG nach Ausübung seines pflichtgemäßen Ermessens zu dem Ergebnis gelangt, daß in dem speziellen Fall grundsätzlich eine Vergütung zu gewähren ist, hat er über deren Höhe zu entscheiden. Die *Höhe* der vom Nachlaßgericht festzusetzenden Vergütung ist nicht im BGB oder einer sonstigen gesetzlichen Vorschrift, wie z.B. für den Konkursverwalter in der Verordnung über die Vergütung des Konkursverwalters, des Vergleichsverwalters, der Mitglieder des Gläubigerausschusses und der Mitglieder des Gläubigerbeirates vom 25. Mai 1960,[61] oder der Rechtsanwälte in der BRAGebO vom 26. Juli 1959[62] geregelt. § 1836 Abs.1 S.2 BGB nennt als Maßstab für die Höhe der Vormundsvergütung allein die Angemessenheit, § 1836 Abs.1 S.2 BGB. Angemessen wird vom Deutschen Wörterbuch der Brüder Grimm unter Bezugnahme auf Kant "als die Beschaffenheit des Begriffs, nicht mehr, auch nicht weniger, als der Gegenstand erfordert, zu erhalten" definiert.[63] Der juristischen Literatur ist eine solche definitorische Umschreibung des Begriffs fremd. Sie bezieht sich bei der "Angemessenheit" lediglich auf verschiedene, nach dem zu beurteilenden Sachverhalt sich richtende, nicht verallgemeinerungsfähige Kriterien. Überträgt man diese allgemeine Umschreibung von Kant auf die Vergütung des Nachlaßpflegers, ist eine Vergütung angemessen, wenn sie bei Berücksichtigung des Schutzbedürfnisses des Erben die Arbeit

---
59 Vergl. zur Entstehung des Schuldverhältnisses: Staud.-Engler, § 1833 Rz 13,14
60 Zum Ganzen: BayObLGZ 1903, 797; Joseph, AcP 97, 108 (129,130); Soergel-Damrau, § 1833 Rz 9
61 BGBl I 329
62 BGBl I 907
63 Grimm/Grimm, Stichwort "Angemessenheit"; Hartenstein, Kant's Werke Bd 10 S. 209

und die Verantwortung des Nachlaßpflegers ausreichend, nicht zu gering, aber auch nicht unverhältnismäßig hoch abgilt. Eine derartige Bestimmung stellt aber für den Nachlaßrichter keinen klaren Anhaltspunkt für die Höhe der Vergütung dar. Selbst bei der Heranziehung der Argumente, die den Ausschlag für die Festsetzung der Vergütung an sich gegeben haben, so z.B. die Höhe des Vermögens, Umfang und Bedeutung der Geschäfte, und sonstige Billigkeitsgesichtspunkte, wie Verwandtschaft, großes eigenes Vermögen des Nachlaßpflegers,[64] besteht eine große Unsicherheit und Unübersichtlichkeit. Die Höhe der Vergütung für einen einzelnen Nachlaßpfleger ist abhängig von dem Ermessen des die Vergütung festsetzenden Nachlaßrichters. Es ist eine ungleiche Behandlung von Nachlaßpflegern durch das Nachlaßgericht möglich und durch fehlende Richtlinien "vorprogrammiert". Die einzelnen Pfleger sind auf die Ermessensentscheidung der Nachlaßrichter bzw. Rechtspfleger angewiesen. Um dem Nachlaßgericht eine detailliertere Beurteilungsmöglichkeit für die Vergütung zu gewähren - ohne jedoch ihr Ermessen auf Null zu reduzieren - und eine Vereinheitlichung der Maßstäbe zu erreichen, liegt es nahe, die Maßstäbe, die für andere "Vermögensverwalter" entwickelt wurden, auf die Vergütung des Nachlaßpflegers entsprechend anzuwenden.

a) Die Vergütungsrichtlinien für den Konkursverwalter

aa) Eine entsprechende Anwendung dieser Richtlinien erfordert neben einer regelungsbedürftigen Gesetzeslücke und der Analogiefähigkeit der Vorschrift eine identische Interessenlage. Eine direkte Kenntnis des Gesetzgebers bezüglich dieser Vergütungsregelung für Konkursverwalter war bei der Schaffung des BGB nicht gegeben, da der Bundesminister der Justiz erstmalig 1960 von seiner Ermächtigung in § 85 Abs.2 KO zum Erlaß einer Vergütungsverordnung Gebrauch gemacht hat.[65] Jedoch ist zu berücksichtigen, daß die Ermächtigungsgrundlage bereits in der ersten Fassung der KO vom 10.2.1888 bestand. Wie auch die Verfasser der VerglO vom 26.2.1935[66] - in Anlehnung an den Wortlaut des § 85 Abs.2 KO - in § 43 Abs.5 VerglO eine Grundlage zur tabellarischen Festsetzung der Vergütung der Vergleichsverwalter gelegt haben, war auch für die Verfasser des BGB die grundsätzliche Möglichkeit als

---
64 SieheZiegltrum, S. 248 f; Erman-Holzhauer, § 1836 Rz 3
65 Verordnung über die Vergütung des Konkursverwalters, des Vergleichsverwalters, der Mitglieder des Gläubigerausschusses und der Mitglieder des Gläubigerbeirates vom 25. Mai 1960 (BGBl I 329)
66 RGBl I 321

II. Aufwendungsersatz und Vergütung des Nachlaßpflegers

bekannt gegeben. Für eine derartige bewußte Ausklammerung spricht auch der Wortlaut sämtlicher die Vergütung regelnder erbrechtlicher bzw. familienrechtlicher Normen, die abweichend von der Vergütungsvorschrift für den Konkursverwalter, § 85 KO, eine "angemessene" Vergütung fordern. (§ 1836 BGB für den Vormund, § 1987 BGB für den Nachlaßverwalter, § 2221 BGB für den Testamentsvollstrecker, §§ 1691 i.V.m. § 1835 BGB für den Beistand für einen Elternteil, usw.)

Auf der anderen Seite soll die Vergütung des Konkursverwalters nicht nur gemäß § 5 Abs.1 der VergVO[67] die "allgemeinen Geschäftsunkosten" umfassen, sondern auch eventuell - insbesondere bei freiberuflich tätigen Konkursverwaltern - zur Deckung der Existenzbedürfnisse dienen.[68] Daraus könnte sich ein Bedürfnis dahingehend ergeben, daß auch die Vergütung des Konkursverwalters in angemessenem Rahmen zu gewähren ist. Zwar besteht für das "Entgelt" des Konkursverwalters eine für die Gerichte und die Verfahrensbeteiligten verbindliche[69] Verordnung gemäß § 85 Abs.2 KO, die in § 3 bestimmte Regelsätze vorsieht, jedoch ist eineAbweichung gemäß § 4 VergVO möglich und in der Praxis sogar die Regel[70],[71]

Außerdem ergibt sich die Notwendigkeit einer *angemessenen* Vergütung für den Konkursverwalter aus der Parallelität zwischen diesem und dem Vergleichsverwalter gemäß § 3 VergVO. Danach soll der Vergleichsverwalter die Hälfte der für einen Konkursverwalter bestimmten Vergütungssätze erhalten. Aus dieser Vorschrift und der bis auf die Erweiterung durch den Begriff "angemessen" gleichlautenden Regelung bezüglich der Vergütung für den Konkursverwalter (§ 85 Abs.1 S.1 KO) und dem Vergleichsverwalter (§ 43 Abs.1 S.1 VerglO) folgt, daß die Angemessenheit auch für die Vergütungsfestsetzung eines Konkursverwalters gelten muß.[72] Auf Grund der beiderseits notwendigen Angemessenheit der Vergütung ist keine bewußte Ausklammerung der

---

[67] Verordnung über die Vergütung des Konkursverwalters, des Vergleichsverwalters, der Mitglieder des Gläubigerbeirates vom 25.Mai 1960, BGBl I 329

[68] Kilger, § 85 Anm 1a; vergl. dazu auch: Uhlenbruck, FS H.Schmidt S. 217f; Böhle-Stamschräder, KTS 1960, 108 (111)

[69] Schmidt, RPfl 1968, 251

[70] LG Berlin KTS 1963, 118 f; LG Hamburg, ZIP 1981, 1116; AG Buxtehude, ZIP 1987, 251; Kuhn/Uhlenbruck, § 85 Rz 4 a; Schmidt, KTS 1982, 591; Eickmann, S. 12

[71] Bei einer solchen Umkehrung des Regel-Ausnahmeprinzips besteht die Gefahr, daß die in der Verordnung aufgestellen Vergütungssätze ihre Bedeutung als Regelsätze zur Rechtsvereinheitlichung verlieren. (Uhlenbruck, KTS 1967, 201 (202))

[72] Kuhn/Uhlenbruck, § 85 Rz 4 c; Kilger, § 85 Anm 1 a; Schmidt, KTS 1970, 147 (149); ders. KTS 1981, 65; Gerold/Schmidt, BRAGebO § 1 Rz 20; Eickmann, S. 12

Vergütung des Nachlaßpflegers im Rahmen der Vergütungsregelung der Konkursverwalter gegeben.

bb) Beide Normen, § 85 KO und § 1836 BGB, unterscheiden sich darüberhinaus wesentlich in ihrem Aufbau und dem weiteren Inhalt. § 85 Abs.2 KO, wie auch § 91 Abs.2 KO, und die §§ 43 Abs.4, 46 VerglO enthalten einen Vorbehalt für die Landesjustizverwaltung, Vergütungsrichtlinien zu erlassen, wovon i.V.m. Art 129 GG der Bundesminister der Justiz 1960 erstmalig Gebrauch gemacht hat.[73,74] Im Gegensatz dazu beinhaltet der für die Vergütung des Nachlaßpflegers, Vormunds und Pflegers ausschlaggebende § 1836 BGB selbst die zur Festsetzung der Vergütung relevanten Grundsätze. Obwohl keine Mindest- oder Höchstsätze angegeben sind, und dem Ermessen des Nachlaß- bzw. Vormundschaftsgerichts freier Spielraum gelassen wird, werden in den Sätzen 3 und 4 des § 1836 BGB - wenn auch nur beispielhaft - die Voraussetzungen der Bewilligung bestimmt.

cc) Eine entsprechende Anwendung der Vergütungsrichtlinien des Konkursverwalters im Rahmen der Vergütungsbemessung eines Nachlaßpflegers ist weiterhin nur bei einer Wesensgleichheit der Vergütung bzw. des Vergütungsgrundes möglich bzw. notwendig. Der Konkursverwalter erhält gemäß § 85 Abs.2 KO i.V.m. § 5 VergVO eine Vergütung für seine Geschäftsführung, d.h. eine echte Gegenleistung für seine Tätigkeit.[75] Diese wird bestimmt durch den Liquidations- und Befriedigungszweck des Konkursverwalters. Er hat die Ziele des Konkursverfahrens - die möglichst vollständige Befriedigung des Gläubigers aus dem Schuldnervermögen - durch die ihm gemäß § 6 KO übertragene Verwaltungs- und Verfügungsbefugnis herbeizuführen.[76] Zwar hat der Nachlaßpfleger wie der Konkursverwalter ebenfalls die Pflicht fremdes Vermögen zu verwalten, aber er ist grundsätzlich nicht zur Liquidation des Nachlasses berechtigt.[77] Er hat ihn vielmehr in seinem ursprünglichen Bestand für den zukünftigen Erben zu sichern und zu erhalten. Die Tätigkeit des Nachlaßpflegers - inklusive der eventuellen langwierigen Erbenermittlung - erfor-

---

[73] Siehe A II 3 a aa
[74] A.A. Tidow, KTS 1958, 57 (60): Der Bund besitzt keine Ermächtigung zum Erlaß dieser Verordnung. Vielmehr betrifft der Vorbehalt sowohl auf Grund des Wortlautes als auch durch den grundgesetzlich in Art 30, 83 ff GG festgelegten Grundsatz der Ausführung der Bundesgesetze durch die Länder, die Landesregierungen. Nur sie sind zur Aufstellung von Vergütungsrichtlinien ermächtigt.
[75] Kuhn/Uhlenbruck, § 85 Rz 9 a
[76] Gerhardt, Rz 229; Hess/Kropshofer, § 6 Rz 1; Grunsky, § 3 II 2 S. 37
[77] Siehe A I und B I 2. Ausnahmen bestehen, wenn sie zur Sicherung und Erhaltung des Nachlasses notwendig sind.

II. Aufwendungsersatz und Vergütung des Nachlaßpflegers

dert im Verhältnis zu den Aufgaben des Konkursverwalters in der Regel erheblich weniger Zeit und insbesondere weniger Spezialkenntnisse.[78] Diese Konsequenz ergibt sich bereits durch einen Vergleich der gesetzlichen Vorschriften: Das Nachlaßgericht hat bei der Auswahl und Bestellung einer Person in das staatsbürgerliche Ehrenamt der Nachlaßpflegschaft deren persönliche, insbesondere die intellektuellen Fähigkeiten,[79] die Vermögenslage und die sonstigen Umstände zu berücksichtigen. Das führt im Ergebnis in bestimmten Fällen, in denen schwierige Rechtsfragen und ein sehr umfangreiches Vermögen im Vordergrund stehen, zu einem ausschließlichen Einsatz von Juristen oder Vermögensverwaltern, obwohl die Nachlaßpflegschaft gemäß §§ 1785, 1915 Abs.1, 1960, 1962 BGB grundsätzlich jedem Deutschen als Pflicht auferlegt werden kann. Die Ernennung zum Konkursverwalter durch das Konkursgericht setzt nach dem Wortlaut des § 78 Abs.1 KO ebenfalls keine besondere Qualifikation voraus, entscheidend sind aber, wie es für den Vergleichsverwalter in § 38 VerglO ausdrücklich vorgeschrieben ist, Geschäftskundigkeit und rechtliche und wirtschaftliche Unabhängigkeit.[80] Auch besondere Kenntnisse im Insolvenzrecht sind erforderlich.[81] Heutzutage werden auf Grund dieser Voraussetzungen - wie auch in einigen Fällen der Nachlaßpflegschaft - nur noch Spezialisten bestellt. Diese befassen sich hauptsächlich oder ausschließlich mit der Abwicklung von Konkursen.[82] Nur dadurch wird gewährleistet, daß die Abwicklung im Interesse der Beteiligten und der Wirtschaft zügig und ökonomisch erfolgt. Der ideelle Gesichtspunkt der Schutzwürdigkeit des Betreuten tritt beim Konkursverwalter völlig in den Hintergrund. Es überwiegt der materielle Aspekt des Geschäftlichen. Die Sachlage bei der Verwaltung der Konkursmasse ist, trotz der teilweise gleichen Aufgaben von Konkursverwalter und Nachlaßpfleger (Inbesitznahme, Verwaltung des Vermögens) von einer völlig anderen Struktur und Gewichtung als bei der Nachlaßpflegschaft.

Insofern ist eine Übertragung der für die Vergütung des Konkursverwalters aufgestellten Richtlinien (§ 3 VergVO bzw. § 3 iVm. § 4 Abs.1 VergVO) auf die Bemessung der Höhe der Vergütung des Nachlaßpflegers nicht möglich.[83]

---

[78] Diese These wird heute oft in der Praxis durch den vermehrten Einsatz von Rechtsanwälten widerlegt. Siehe C
[79] Behr/Weber/Frohn-Frohn S. 48; Zieglfrum, S. 105; Moser, S. 97
[80] AV des RJM vom 4.11.1935 in DJ 1935, 1659; Baade, KTS 1959, 40 f
[81] Gerhardt, Rz 231
[82] Dempewolf, DB 1977, 1260 (1261)
[83] Protokolle, IV S. 818; OLG Hamm, Rpfl 1969, 53; MK-Leipold, § 1960, Rz 62; Haegle, S. 27

b) Vergleichbarkeit mit der Vergütung des Testamentsvollstreckers

Die Höhe der Vergütung des Testamentsvollstreckers ist nicht im Gesetz geregelt. Vielmehr ist in § 2221 BGB, wie bei der Vergütung für den Vormund bzw. Nachlaßpfleger in § 1836 BGB nur die Angemessenheit als Maßstab für die Festsetzung des Vergütungsbetrages normiert.

Trotz des bezüglich der Höhe der Vergütung identischen Wortlautes der §§ 1836, 2221 BGB lehnt die herrschende Meinung[84] eine Übertragung der für den Testamentsvollstrecker entwickelten Richtlinien ab: Eine solche Anwendung der Grundsätze finde im Gesetz keine Stütze, insbesondere, da für den Testamentsvollstrecker ein gesetzlicher Anspruch auf Vergütung bestehen würde, in dessen Gegensatz das Unentgeltlichkeitsprinzip der Ehrenamtlichkeit der Vergütung des Vormundes bzw. über §§ 1915 Abs. 1, 1960, 1962 BGB eines Nachlaßpflegers stehe. Außerdem orientiere sich eine Festsetzung der Vergütung in Prozentsätzen ausschließlich an der Höhe des Vermögens.

Dies ist nach Ansicht der herrschenden Meinung vom Gesetzgeber nicht gewollt. Er lehnte die der Kommission für die zweite Lesung des Entwurfs des BGB vorliegenden Anträge auf Festlegung auf 2% der Vermögensbestandes (im Vergleich mit dem Konkursverwalter) ab.[85] Vielmehr entscheiden die individuellen Billigkeitserwägungen des Einzelfalls.[86] Trotzdem hat sich in der Praxis und teilweise auch in der Rechtsprechung die Übung herausgebildet, daß für "Durchschnittsfälle" rechnerische, jedoch für den Rechtspfleger (§ 3 Nr 2 c RPflG) unverbindliche Richtlinien zu bestimmen.[87] Bei größerem Vermögen sollen 1 bis 2 % des Verkehrswertes, bei kleinerem Vermögen 3 bis 5 % als Vergütung bewilligt werden.[88]

---

84 KG OLGZ 1981, 176 (181); LG Darmstadt RPfl 1968, 119 - für den Vormund; Möhring S. 263. Im Allgemeinen gegen die Anwendung von Tabellenwerten: BayObLGZ 1959, 262 (263); BayObLG RPfl 1966, 207 (208); OLG München, JFG 15, 34; KG RPfl 1988, 261; LG Nürnberg-Fürth RPfl 1987, 372; Zysk, JurBüro 1964, 378; v. Lübtow, Bd II S. 759; MK Schwab, § 1835 Rz 15; Soergel-Damrau, § 1835 Rz 6
85 Protokolle IV S. 817 (818)
86 RGZ 149, 172 (177)
87 OLG Köln, NJW 1967, 2408 (2409); LG Freiburg, Justiz 1983, 157; Firsching, IV C 4 S. 157; Soergel-Stein, § 1960 Rz 38; Schmidt, Geschäftsf. S. 50
88 So die überwiegende Ansicht: Siehe vorherige Fußnote; anderer Ansicht: aaO Fn 84. Einen Bezug auf bestimmte Nachlaßwerte nehmen:Damrau, in Soergel-Damrau, § 1836 Rz 6 und Germer, in Soergel-Germer 11. Aufl., § 1836 Rz 6 .Danach liegt aber die Höchstgrenze bei 3%. Bobenhausen, RPfl 1985, 426 (429): 2-6 % der Bruttoeinnahmen + 0-2 % des Anfangsvermögens für die erste Vermögenserfassung

II. Aufwendungsersatz und Vergütung des Nachlaßpflegers

Diese relativen, vom Einzelfall abhängigen Prozentsätze sind ursprünglich für die Vergütung des Vormundes aufgestellt,[89] und damit eine feste Richtlinie auf Grund des Sinn und Zwecks der Vormundschaft - der hauptsächlichen Personensorge in "Vertretung der Eltern"[90] - abgelehnt worden. Eine Übertragung auf den Nachlaßpfleger ist zwar erfolgt,[91] jedoch ohne weitere, von den Argumenten für die Vormundschaft abweichende Begründung. Eine entsprechende Anwendung resultiert allerdings aus §§ 1915 Abs.1, 1962, 1960 BGB, § 75 FGG, die die vormundschaftlichen Regelungen auch für die Nachlaßpflegschaft für anwendbar erklären.

Dieses auf dem Gesetzeswortlaut basierende Ergebnis setzt auf Grund der entsprechenden Anwendung (vergl. § 1915 Abs.1 BGB) weiterhin eine in Bezug auf den Grund der Vergütung identische Ausgangsposition bei der Vormundschaft und der Nachlaßpflegschaft voraus. Vom Ansatz her besteht zwar eine Übereinstimmung,[92] aber vom Tätigkeitsbereich ist dem Vormund eine umfangreichere Aufgabe zugewiesen. Neben der Verwaltung des Vermögens des Mündels hat er primär die Fürsorge für die Person zu ersetzen oder zu verstärken.[93] Die Stellung des Vormundes entspricht, wenn auch mit gewissen Einschränkungen, der der Eltern. Dieses Institut erstreckt sich somit unmittelbar auf die privatrechtliche, familiäre Sphäre des Einzelnen. Sie ist öffentliche Fürsorge durch Wahrnehmung privater Angelegenheiten.[94] Im Gegensatz dazu spielt die soziale Funktion bei der Nachlaßpflegschaft nicht diese ausschlaggebende Rolle.[95] Der Nachlaßpfleger ist zwar gesetzlicher Vertreter des zukünftigen Erben, aber in vielen Fällen hat er diesen zunächst zu ermitteln. Obwohl für die Anordnung einer Nachlaßpflegschaft ein sog. Fürsorgebedürfnis Voraussetzung ist, d.h. der Nachlaßpfleger bei unbekannten Erben - in deren Interesse des Erhalts des Nachlasses - sie zu ermitteln hat, besitzt er nicht die Pflicht für das persönliche Wohlergehen des Erben zu sorgen. Vielmehr obliegt ihm primär - abgesehen von der Erbenermittlung - die vorübergehende Sicherung und Verwaltung von Vermögenswerten. Die Personensor-

---

[89] Soergel-Damrau, § 1836 Rz 6; OLG Düsseldorf RPfl. 1987, 20; Bobenhausen RPfl. 1985, 426 ff
[90] Gernhuber, § 64 I 1; Schwab, § 74 Rz 607
[91] Firsching IV C 4 S. 157; Schmidt, Geschäftsf. S. 50
[92] Siehe oben A II 2 a
[93] RGRK-Scheffler, vor § 1773 Anm 1
[94] BVerfGE 10, 302 (311)
[95] LG Darmstadt RPfl. 1968, 119

ge im engeren Sinne tritt bei der Nachlaßpflegschaft stark in den Hintergrund. Die Bedürfnisfrage richtet sich nach den Erfordernissen des Nachlasses.[96] Aus diesem Grunde kann die für den Vormund dargelegte Argumentation bezüglich der aufgestellten Vergütungsgrundsätze bei der Nachlaßpflegschaft nicht pauschal, lediglich mit der formalen Begründung der Wortgleichheit der §§ 1962, 1960 BGB, § 75 FGG, übernommen werden. Bei der Nachlaßpflegschaft ist im Gegensatz zum Vormund im Rahmen der Vergütungsfestsetzung wesentlich mehr auf die Vermögensverwaltung abzustellen. In dieser Hinsicht könnten auch die für den Testamentsvollstrecker entwickelten Grundsätze als Maßstab für die Vergütung herangezogen werden.[97] Abweichend von der Nachlaßpflegschaft hat die Testamentsvollstreckung gemäß § 2203 BGB die Aufgabe, die letztwillige Verfügung des Erblassers auszuführen. Dieser Zweck der postmortalen Bestimmung des Erblassers über sein Vermögen beinhaltet ausschließlich die Verwaltung bzw. Liquidation des Nachlasses, § 2204 ff BGB. Der Testamentsvollstrecker hat jedoch wie der Nachlaßpfleger gemäß § 2205 BGB den Nachlaß in Besitz zu nehmen und ihn - wenn auch nur zum Zwecke der Auseinandersetzung - zu sichern und zu erhalten. Die Tätigkeit des Testamentsvollstreckers hat insofern starke Ähnlichkeit mit der des Nachlaßpflegers, obwohl dieser meist für einen unbekannten Erben handelt. Diese Unterscheidungen sind aber durch die bei der Festsetzung der Vergütung des Testamentsvollstreckers ausschlaggebenden Gesichtspunkte - entsprechend der Regelung beim Nachlaßpfleger - Umfang und Wert des Nachlassses, Dauer der Verwaltung, Umfang und Schwierigkeiten der Geschäfte des Vollstreckers, Größe der Verantwortung, Verwertung besonderer Kenntnisse und Erfahrungen und der erzielte Erfolg zu berücksichtigen.[98] Die einzige für die Festsetzung der Vergütung eventuell relevante Differenz zwischen beiden Instituten liegt in der Ehrenamtlichkeit der Nachlaßpflegschaft. Diese ist nicht auf die Testamentsvollstreckung übernommen. Er erhält kraft Gesetzes (§ 2221 BGB) einen Anspruch auf eine Vergütung.

Auf Grund der Unterschiede zwischen Nachlaßpflegschaft und Vormundschaft und der starken Ähnlichkeit des Nachlaßpflegers und des Testamentsvollstreckers würde eine vollständige Anwendung der vormundschaftlichen Regeln der Tätigkeit des Nachlaßpflegers nicht gerecht werden. Außerdem ist

---

[96] LG Darmstadt, RPfl. 1968, 119; OLG Frankfurt, MDR 1961, 691 (692); Möhring, S. 143 f
[97] So: LG Darmstadt, RPfl. 1968, 119; OLG Frankfurt, MDR 1961, 691 (692); Schumann/Geißinger, BRAGebO, Anh. § 1 Rz 74
[98] BGH MDR 1963, 293; BGH LM Nr 2,4 zu § 2221 BGB; Staud.-Reimann, § 2221 Rz 15 f; MK-Brandner, § 2221 Rz 8

II. Aufwendungsersatz und Vergütung des Nachlaßpflegers

es nicht ersichtlich, warum bei annähernd gleichen Tätigkeitsfeldern derjenige, der kraft Gesetzes verpflichtet ist ein Amt zu übernehmen, diese Arbeit auch ausüben muß, wenn er mit seiner sonstigen Tätigkeit schon voll ausgelastet ist, erheblich weniger als Entschädigung erhalten soll als derjenige, in dessen freiem Ermessen die Amtsannahme steht (§ 2202 BGB) und der auch von diesem Amt ohne weiteres zurücktreten bzw. es kündigen kann.

Im übrigen besteht eine Übereinstimmung der Anordnung der Testamentsvollstreckung mit der Staatsbürgerpflicht im Rahmen der Nachlaßpflegschaft durch die testamentarische Einsetzung des Testamentsvollstreckers. Der von dem Erblasser (in der Regel) eingesetzte Testamentsvollstrecker ist in den meisten Fällen zwar nicht per Gesetz aber auf Grund einer sittlichen und moralischen Verpflichtung gegenüber dem Erblasser und den Erben zur Annahme seines Amtes gezwungen.[99]

Diese Gleichartigkeit zwischen Nachlaßpfleger und Testamentsvollstrecker ergibt die Möglichkeit der Übernahme der Tätigkeitsbeurteilung des Testamentsvollstreckers bei der ausnahmsweisen Festsetzung der Vergütung des Nachlaßpflegers im Rahmen der vormundschaftsrechtlichen Regelung des § 1836 Abs.1 S.1,2 BGB. Sie erfolgt über die entsprechende Anwendung der für die Vergütung des Testamentsvollstreckers entwickelten Richtsätze auf die Vergütung eines Nachlaßpflegers.

Derartige, auch nur als Anhaltspunkte konzipierte, Grundsätze für die Testamentsvollstrecker-Vergütung haben verschiedene Gerichte, Anwalts- und Notarvereinigungen und Autoren von Spezialliteratur aufgestellt. Ausgangspunkt sind die im Jahre 1925 von dem Verein für das Notariat in Rheinpreußen entwickelten Prozentsätze.[100]

Danach sind die Gebühren wie folgt zu berechnen:

1. bei einem Nachlaß	bis zu 20.000,- Bruttowert	4%
2. darüber hinaus	bis zu 100.000,- Bruttowert	3%
3. darüber hinaus	bis zu 1.000.000,- Bruttowert	2%
4. darüber hinaus		1%

---

[99] Vergl. RGZ 139, 41 (43); Brox, Rz 376
[100] Plassmann, JW 1935, 1831; Staud.-Reimann, § 2221 Rz 18; Glaser, MDR 1983, 93 (94)

Diese Werte gelten aber nur für "normale Verhältnisse und glatte Abwicklung";[101] bei besonders umfangreicher und zeitraubender Tätigkeit ist eine Erhöhung notwendig und gerechtfertigt.[102]

Überträgt man diese Vergütungstabelle unverändert auf die heutige Tätigkeit eines Testamentsvollstreckers, so besteht auf Grund der strukturellen Veränderung des Arbeitsvolumens und der Geldverhältnisse von 1925 bis 1989 die Gefahr, daß diese Richtlinien ihrer Funktion nicht mehr gerecht werden, bzw. gerecht werden können.

Der Testamentsvollstrecker erhielte bei strikter Einhaltung dieser Werte u.U. eine zu gering bemessene Vergütung bzw. die Prozentsätze würden derart - im Einzelfall - abgeändert, daß sie ihre Richtlinienfunktion verlieren. Infolgedessen wurde teilweise eine Erhöhung um 25 % befürwortet.[103]

Möhring[104] schlägt bereits 1967 eine neue Berechnungstabelle vor, die von Prozentsätzen von 5 % bei einem Aktivnachlaß bis zu 20.000 DM und 1,87 % bei einem Nachlaß von 2.000.000 DM ausgeht. Im Gegensatz dazu erhöhte Möhring diese Sätze 1981, so daß der Testamentsvollstreckervergütung folgende Richtlinie als Grundlage zur Verfügung steht[105]:

```
Aktivnachlaß      20.000 DM     1.500 DM  = 7,50 %
Aktivnachlaß     100.000 DM     5.820 DM  = 5,82 %
Aktivnachlaß   1.000.000 DM    38.220 DM  = 3,82 %
Aktivnachlaß   2.000.000 DM    56.220 DM  = 2,81 %
darüber hinaus  zusätzlich                  1,00 %
```

Diese von Möhring 1981 vorgeschlagene Tabelle ist zwar in der Praxis teilweise gebilligt,[106] aber noch 1967 hat der BGH[107] eine direkte Erhöhung der vom Rheinischen Notariat aufgestellten Richtlinien nicht vollzogen. Vielmehr billigt er auf der einen Seite die Sätze von 1925,[108] auf der anderen Seite stimmt

---

101 Plassmann, JW 1935, 1830 (1831)
102 Plassmann, JW 1935, 1830 (1831)
103 Tschischigale, JurBüro 1965, 89 (93)
104 Möhring, 5. Aufl. S. 366
105 Möhring, S. 272 ff
106 So Möhring, S. 271; vergl. auch Palandt-Edenhofer § 2221 Anm 2 a
107 BGH NJW 1967, 2400
108 BGH NJW 1967, 2400 (2400)

II. Aufwendungsersatz und Vergütung des Nachlaßpflegers 31

er den Argumenten Möhrings bezüglich der Erhöhung zu,[109] obwohl er ausdrücklich eine Entscheidung bezüglich einer offiziellen Anhebung der Sätze offen ließ.

Auf den ersten Blick liegt in dem Urteil des BGH ein Widerspruch, der Billigung sowohl der Richtsätze von 1925 als auch der von Möhring 1967 aufgestellten Tabelle. Indes ist zu berücksichtigen, daß sämtliche nach 1925 entwickelten Tabellenwerte ihre Grundlage in den Richtlinien des Rheinischen Notariats finden. Selbst Möhring verwirft diese Werte von 1925 nicht völlig;[110] auch sie sollen als Richtlinie für seine Tabelle gelten.

Die Auseinandersetzung des BGH mit diesen Tabellenwerten deutet - trotz der mangelnden Entscheidung - somit auch auf eine gewisse Notwendigkeit der Erhöhung hin. Auf der anderen Seite sind die Nachlässe in ihrer Aktivmasse durch die nominale Wertsteigerung heutzutage - im Vergleich zu 1925 - wesentlich höher zu bemessen, so daß auch die Vergütung des Testamentsvollstreckers auf Grund der prozentualen Bemessung heute erheblich höher liegt.

Diese Erhöhung der Vergütungsbemessungsgrundlage führt aber nicht dazu, daß die Vergütung des Testamentsvollstreckers prozentual identisch ist. Die in den Tabellen angegebene Regelgebühr steigt mit der Höhe der Nachlaßwerte nicht linear; die Kurve verläuft immer flacher, d.h. je höher das Nachlaßvermögen ist, desto geringer wird der prozentuale Vergütungsanteil.

---
[109] BGH NJW 1967, 2440 (2402)
[110] So ausdrücklich Möhring, 5. Aufl. S. 357

A. Aufwendungen und Vergütungen des Nachlaßpflegers

Richtsätze für die Vergütung

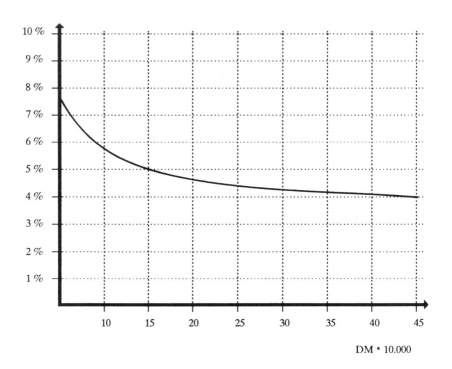

Skizze: Richtsätze für die Vergütung von Testamentsvollstreckern nach Möhring (1981)

Somit erhält der Testamentsvollstrecker heutzutage nominal eine höhere Vergütung. Real führt die Bezugnahme der Wertsteigerung bei der Berücksichtigung der Kaufkraft aber zu einer wesentlich geringeren Vergütung des Testamentsvollstreckers als 1925. Infolgedessen ist eine Erhöhung der 1925 entwickelten Grundsätze notwendig.

Dafür spricht auch die Entwicklung des Wirtschafts- und Steuerrechts seit 1925, auf Grund dessen auch eine allgemeine Erhöhung auf dem Gebiet des

Kostenrechts erfolgte.[111] Die von Möhring 1981 vorgeschlagene Tabelle trägt dieser Forderung der angemessenen Erhöhung, insbesondere durch ihre Aktualität am ehesten Rechnung.

Diese Berücksichtigung des heutigen Geldwertes bei der Vergütungsbemessung für den Nachlaßpfleger entspricht auch der im Familienrecht, insbesondere bei der Berechnung des Zugewinns gemäß §§ 1373 ff BGB erfolgten Wertberechnung. Zur Feststellung der Höhe des Geldwertschwundes werden die Lebenshaltungskosten nach den Verbraucherpreisen herangezogen.[112]

Ergebnis

Durch den Vergleich und die Ähnlichkeit der Tätigkeit der Testamentsvollstrecker und der Nachlaßpfleger ist die für die Vergütung des Testamentsvollstreckers von Möhring entwickelte Tabelle entsprechend als Anhaltspunkt für die Vergütung des Nachlaßpflegers anwendbar. Allerdings darf der die Vergütung festsetzende Rechtspfleger durch die sehr genau dargestellte, nicht nur auf einige Eckwerte verweisende "Möhringsche" Tabelle nicht dazu übergehen, lediglich über den vorliegenden Nachlaßwert tabellarisch die Vergütung zu ermitteln. Auch diese Werte sind ausschließlich Richtwerte, die nicht pauschal angewandt werden dürfen. Die Vergütungsfestsetzung bleibt eine Einzelfallentscheidung, die nur durch die vorgeschlagenen Werte dem Rechtspfleger erleichtert wird.

Dies ergibt z.B. folgende Nachlaßpfleger-Vergütung: Bei einem Nachlaßwert von 4.330.520 DM[113] würde der Nachlaßpfleger als Richtwert 79.525 DM erhalen, von dem aber der Rechtspfleger in pflichtgemäßem Ermessen sowohl positiv als auch negativ abweichen kann.

---

[111] Erhöhung der Gebührensätze zu: § 11 II GKG, § 32 KostO; § 123 BRAGebO vom 9.12.1986 (BGBl I S. 2326)
[112] Vergl. dazu: BGHZ 61, 385 (387 ff); Staud.-Thiele, § 1373 Rz 9-15; Werner, DNotZ 1978, 66 f
[113] Nachlaßwert des dem Urteil des BGH vom 26.6.1967 (NJW 1967, 2400) zugrundeliegenden Sachverhalts - aus: Schumann/Geißinger, BRAGebO Anh § 1 Abs.2 Rz 2 Fn 5

B. Die Geltendmachung dieser Ansprüche und die Befriedigungsreihenfolge

I. Die Geltendmachung dieses Aufwendungsersatz- und Vergütungsanspruchs

1. Allgemeines

Der Nachlaßpfleger, dem ein bestimmter Aufwendungsersatzanspruch gemäß § 1835 BGB und ein durch das Nachlaßgericht festgesetzter Vergütungsanspruch nach § 1836 Abs.1 S.2 BGB gegen die Erben[1] zusteht, ist in der Regel bestrebt, eine schnelle, "unkomplizierte" und reibungslose Erfüllung seiner Ansprüche zu erlangen.[2]

Die Realisierung dieses, auch als Ausgangspunkt für die Schaffung des § 1835 BGB dienende Bestreben, eine Zuschußpflicht bzw. eine längere "Auslagepflicht" des Nachlaßpflegers zu vermeiden, führt auf Grund der Schuldnerstellung des Erben, der unter Umständen erst noch zu ermitteln ist, zu Schwierigkeiten. Bei langandauernden Nachlaßpflegschaften, die sowohl die Nachlaßverwaltung als auch die Erbenermittlung beinhalten, wäre eine Vorlagepflicht des Pflegers unvermeidbar.

Grundsätzlich besteht jedoch die Notwendigkeit des Nachlaßpflegers mit der Befriedigung seiner Ansprüche bis zur Beendigung seines Amtes zu warten. Erst in diesem Zeitpunkt ist der Schuldner tatsächlich bekannt bzw. erfolgt die gerichtliche Entscheidung.[3]

---

[1] LG Berlin RPfl. 1975, 435; Zieglrum, S. 237
[2] Siehe A I
[3] Siehe A I

2. Das Selbstbefriedigungsrecht des Nachlaßpflegers

Um die dem Nachlaßpfleger vom Gesetz zugedachte Aufgabe des Schutzes des Nachlasses vor unberechtigten Eingriffen Dritter zu erfüllen und der Erhaltung für die Erben gerecht zu werden, bedarf der Nachlaßpfleger des Besitzes der zum Nachlaß gehörenden Gegenstände. Dem Nachlaßpfleger steht daher das Recht zu, den Nachlaß - soweit er seiner Verwaltung unterliegt - in Besitz zu nehmen.[4] Für die Zeit seines Amtes ist er gesetzlich zum Besitz aller Nachlaßgegenstände berechtigt und verpflichtet. Er ist Besitzmittler des Erben gemäß § 858 BGB.[5] Auf Grund dieses unmittelbaren Besitzes an den Nachlaßgegenständen besteht für den Nachlaßpfleger in jedem Fall die *Möglichkeit*, seine Ansprüche gegen die Erben aus dem Nachlaß selbst zu befriedigen.

Der Nachlaßpfleger kann durch die tatsächliche Handlung der Entnahme von Bargeld oder Gegenständen aus dem von ihm verwalteten Nachlaßvermögen versuchen, seine Ansprüche zu befriedigen.

Die von dem Nachlaßpfleger damit bezweckte Rechtsfolge der Erfüllung seiner Aufwendungsersatz- und Vergütungsansprüche ist nach der von der herrschenden Meinung vertretenen Theorie der realen Leistungsbewilligung im Rahmen der Erfüllung gemäß § 362 Abs.1 BGB[6] nur bei Bewirken der geschuldeten Leistung gegeben. Es ist alleine die Herbeiführung des Leistungserfolges durch die Leistungshandlung ohne einen zusätzlichen Erfüllungsvertrag erforderlich. Bei dem Anspruch des Nachlaßpflegers auf Aufwendungsersatz bzw. Vergütung erfolgt der Ersatz gemäß § 256 BGB grundsätzlich in Geld,[7] selbst wenn andere Gegenstände als Geld aufgewendet worden sind.[8]

---

[4] Umstritten ist, ob ihm ein Anspruch gemäß § 2018 auf Herausgabe der Erbschaftsgegenstände zusteht. Vergleiche zum Streitstand: Zieglrum, S. 146; Brox, Rz 548

[5] MK-Joost, § 858 Rz 36 Nr. 28; Staud.-Bund, § 858 Rz 44; Soergel-Mühl, § 858 Rz 20; Hörle, ZBlFG 1909, 751 (756); Zieglrum, S. 146 f; RGRK-Johannsen, § 1960 Rz 22

[6] Larenz, Schuldr. Allg. Teil § 18 I; Erman-Westermann, § 362 Rz 1; MK-Heinrichs, § 362 Rz 6c, 9; Staud.-Kaduk, Vorbem. zu §§ 362 ff Rz 17 f

[7] OLG Braunschweig, MDR 1948, 112 (113); MK-Keller, § 256 Rz 5 m.w.N.; Staud.-Selb, § 256 Rz 5,6

[8] Ausnahmsweise kann sich aus § 242 BGB i.V.m. den Regeln über den Aufwendungsersatz eine Gewährung von Naturalrestitution ergeben.

36   B. Geltendmachung und Befriedigungsreihenfolge

a) Barvermögen als Nachlaßgegenstand

Ist Bargeld im Nachlaß vorhanden, liegt sonach bei dessen Entnahme zur Erfüllung der Verbindlichkeit durch den Nachlaßpfleger ein Bewirken der tatsächlich geschuldeten Leistung vor. Es tritt die Rechtsfolge des § 362 Abs.1 BGB, das Erlöschen des Schuldverhältnisses ein. Auch ein Widerspruch gegen §§ 1805, 1834 BGB liegt nicht vor.

b) Sonstige Nachlaßgegenstände

Bei der Entnahme eines Gegenstandes ist dagegen eine Leistung an Erfüllungs Statt gemäß § 364 Abs.1 BGB gegeben. Der entnommenen Nachlaßteil ist ein Erfüllungssurrogat. Durch diese tatsächliche Handlung liegt kein Bewirken der geschuldeten Leistung vor. Sie kann aber die Erfüllung im Sinne von § 362 Abs.1 BGB ersetzen, wenn sie vom Schuldner als Leistung an Erfüllungs Statt angeboten und vom Gläubiger als solche angenommen wurde. Es ist eine vertragliche Abrede notwendig.[9] Einen solchen Vertrag kann der Nachlaßpfleger während der Nachlaßpflegschaft mangels Kenntnis des Erben aber nicht mit diesem schließen. Er könnte jedoch als gesetzlicher Vertreter des zukünftige Erben handeln und für diesem den "Vertrag" eingehen. Der Nachlaßpfleger handelt in diesem Fall sowohl in seinem als auch in dem Interesse der Erben. Es läge somit ein typischer Fall des § 181 BGB vor.[10]

Danach ist auf Grund der Gefahr eines Interessenkonflikts und damit der Schädigung eines Vertragsteiles,[11] eine derartige Selbstkontraktion, ein Insichgeschäft, unwirksam. Eine selbständige Entnahme von Nachlaßvermögen durch den Nachlaßpfleger zur Befriedigung seiner Ansprüche ist infolgedessen grundsätzlich nicht möglich.

Dieses Prinzip erlangt aber nicht ausnahmslos Geltung. So ist z.B. gemäß § 181 letzter HS BGB ein Insichgeschäft mangels Interessenkollision bei Geschäften zur Erfüllung einer Rechtspflicht zulässig. Es handelt sich lediglich um die Abwicklung einer schon bestehenden Rechtsbeziehung, auf deren inhaltliche Ausgestaltung der Vertreter keinen Einfluß mehr hat. Er ist nur ausführendes Organ. Nur das Vorliegen dieser Ausnahmeregelung führt bei der

---

9   Vergl. MK-Heinrichs, § 364 Rz 1
10 Vergl. dazu: RGZ 71, 162 (163); Riedel, JZ 1950, 140; Müller, MDR 1952, 209; Boehmer, II/2 S. 48
11 RGZ 56, 104 (106); BGHZ 51, 209 (215); BGHZ 56, 97 (101)

eigenständigen Entnahme von Nachlaßwerten durch den Nachlaßpfleger zu einem wirksamen Geschäft und damit zu einer zügigen Durchsetzung seiner Ansprüche. Die Einschränkung im Rahmen des § 181 BGB setzt voraus, daß die "Selbstbefriedigung" durch den Pfleger eine Erfüllung im Sinne von § 362 Abs.1 BGB darstellt, d.h. die tatsächlich geschuldete Leistung erbracht wird und nicht eine Leistung an Erfüllungs Statt oder erfüllungshalber vorliegt.[12] Bei der Entnahme eines Gegenstandes ist aber eine Leistung an Erfüllungs Statt gemäß § 364 Abs.1 BGB gegeben. Das Geschäft des Nachlaßpflegers über die Nachlaßgegenstände als Vertreter des Erben mit sich selbst im eigenen Namen ist durch die fehlende Vertretungsmacht schwebend unwirksam (§ 177 BGB).[13] Ein solches Geschäft kann jedoch durch den Vertretenen im Wege der Zustimmung oder Genehmigung seine Wirksamkeit entfalten. Eine Form der vorherigen Einwilligung zur Selbstkontrahierung ist in § 181 2.HS BGB expressis verbis normiert.

Der Vertretene ist berechtigt dem Vertreter die Vornahme eines Insichgeschäftes zu gestatten. Eine derartige ausdrückliche oder konkludente Gestattung[14] ist bei der Anordnung einer Nachlaßpflegschaft durch die Unkenntnis der Erben erschwert. Angesichts der eingeschränkten Anwendung des § 181 BGB bei gesetzlichen Vertretern wäre eine Gestattung durch das Vormundschaftsgericht entsprechend der gesetzlichen Regelung bei sonstigen Interessenkonflikten der gesetzlichen Vertreter, z.B. §§ 1643 i.V.m. 1821, 1822 BGB, § 1795 BGB, §§ 1821, 1822 BGB etc. oder sonstiger Nichtgewährleistung der notwendigen Vertretung (§§ 1630 Abs.2, 1631 Abs.3, 1667, 1796 BGB usw.) denkbar. Diese in der Literatur früher stark umstrittene Frage wurde insbesondere im Bezug auf die Ermächtigung eines für mehrere Mündel bestellten Vormundes zur Vornahme von Rechtsgeschäften im Namen des einen Mündels mit sich selbst als Vertreter des anderen unter Umgehung des Grundsatzes des § 181 BGB behandelt.[15]

Die herrschende Meinung folgt nach dem ablehnenden Beschluß des Reichsgerichts im Jahre 1909[16] dessen Begründung aus der Entstehungsgeschichte und der Systematik des Gesetzes. Danach ist der Vertreter zur Dop-

---

[12] Erman-Brox, § 181 Rz 27; Rosenthal/Bohnenberg, Anh. § 181 Rz 537
[13] RGZ 110, 214 (215); RGZ 71, 162 (163)
[14] Vergl. dazu: Staud.-Coing, 11. Aufl., § 181 Rz 19-19 l
[15] Vergl. dazu die detaillierten Ausführungen von Boehmer, II/2 S. 44-71
[16] RGZ 71, 162

pelvertretung nicht befugt, wenn es ihm nicht besonders "durch Gesetz oder Vollmacht"[17] gestattet ist. Das Gesetz selbst hat für das Vormundschaftsgericht keine besondere Bestimmung getroffen. Es besitzt gesetzlich keine Kompetenz zur Übertragung der Vertretungsmacht, im Gegensatz zur Einschränkung dieser gemäß § 1786 BGB. Eine Erweiterung ist daher nur im Wege einer rechtsgeschäftlich zu erteilenden Vollmacht möglich, wobei das Vormundschaftsgericht zur eigenen Vertreterstellung befugt sein müßte. Dies ist ausschließlich in den Ausnahmefällen des § 1844 BGB gegeben. Das Vormundschaftsgericht besitzt gemäß § 1837 BGB nur ein Aufsichtsrecht[18] gegenüber dem Vormund. Das Mündel (der zukünftige Erbe) wird durch den Vormund vertreten.

Auch eine Folgerung einer rechtsgeschäftlichen Vertretung des Vormundschaftsgerichts aus § 1846 BGB als Argument für eine Ausdehnung der Gestattung ist abzulehnen. Das Gericht ist im Rahmen des § 1846 BGB ebenfalls an die Schranken des § 181 BGB gebunden. Zwar hat es bei der für die Fälle des § 1846 BGB notwendigen Voraussetzung der Dringlichkeit[19] nach freiem Ermessen zu befinden, aber diese Entscheidung muß pflichtgemäß ausgeübt werden und kann nicht - wie das Reichsgericht in seinem Beschluß vom 13. Mai 1909[20] darlegte - "dazu benutzt werden, die Vorschrift auf die Fälle anzuwenden, auf sie ihrer Bedeutung und ihrem Zwecke nach keine Anwendung finden kann oder soll".[21] Diese für die Mehrvertretung durch den Vormund entwickelten Grundsätze sind a maiore ad minus auf die Frage der Gestattung bei Einzelvormundschaften übertragbar. Das Gericht hat grundsätzlich lediglich fürsorgliche Aufgaben wahrzunehmen und ist nicht zur Vertretung des gesetzlichen Verteters befugt. Die Fürsorgepflicht stellt keine ausreichende Basis für das bei der Gestattung durch den Vormundschaftsrichter übernommenen Risiko, dem § 181 BGB gerade vorbeugen will und das bei ihm kein Korrelat in der Rechtsinhaberschaft findet, dar. Außerdem wird bereits in § 1795 BGB auf § 181 BGB Bezug genommen und eine eingeschränkende Darstellung getroffen. Danach ist gemäß § 1795 Abs.2 BGB eine Gestattung,

---

17 Protokolle I S. 175
18 RGZ 71, 162 (167); Palandt-Diederichsen, § 1837 Anm 2 b
19 Palandt-Diederichsen, § 1846 Anm 1
20 RGZ 71, 162 (169)
21 So im Ergebnis: BGHZ 21, 229 (234); BayObLG NJW 1959, 989; OLG Hamm OLGZ 1975, 173 (173/174); Staud.-Dilcher, § 181 Rz 40; anderer Ansicht: Nipperdey, FS Raape 1948 S. 305 ff; Staud.-Coing 11. Aufl., § 181 Rz 19 m,n; Soergel-Leptien, § 181 Rz 37. Sie nehmen eine Gestattung durch das Vormundschaftsgericht insbesondere bei der Mehrvertretung eines Vormundes an.

d.h. eine Ausnahme vom Insichgeschäft nicht möglich. Bei einer prinzipiellen Gestattung durch das Vormundschaftsgericht würde zudem eine offenkundige Unstimmigkeit bestehen. Es wäre eine Möglichkeit der Gestattung bezüglich eines Geschäftes zwischen Mündel und gesetzlichem Vertreter gegeben, aber es bestünde ein Verbot der Kontrahierung für Rechtsgeschäfte zwischen der Ehefrau oder Verwandten[22] des Vormundes auf der einen und dem Mündel auf der anderen Seite. Eine Gestattung der Selbstkontrahierung durch das Vormundschaftsgericht[23] bzw. über §§ 1915 Abs.1, 1960, 1962 BGB durch das Nachlaßgericht gegenüber dem Nachlaßpfleger ist auf Grund der Ordnungsvorschrift stricti juris[24] nicht möglich.

Das durch den Nachlaßpfleger eventuell bereits getätigte Rechtsgeschäft ist somit zwar nicht nichtig, aber schwebend unwirksam und daher von dem Vertretenen, dem Erben, genehmigungsfähig.

c) Umgehung des Verbotes des § 181 BGB

Um dieses Verbot des § 181 BGB zu umgehen, könnte der Nachlaßpfleger dazu übergehen, Nachlaßgegenstände an sich selbst oder Dritte zu veräußern, jedoch nicht aus Gründen der notwendigen Nachlaßsicherung und -verwaltung, sondern zur späteren, ihm über § 181 letzter HS. BGB gestatteten Erfüllung seiner Ansprüche aus dem erhaltenen Bargeld.

Eine derartige Tätigkeit widerspricht aber der Nachlaßpflegschaft, der Sicherung und Verwaltung des Nachlasses. Von diesem Grundsatz der Erhaltung des Vermögens muß aber in vielen Fällen, um gerade diesem Prinzip gerecht zu werden, abgewichen werden. Es entspricht der Aufgabe des Nachlaßpflegers Nachlaßgegenstände durch freihändigen Verkauf oder öffentliche Versteigerung zu veräußern bzw. den gesamten Nachlaß zu liquidieren, wenn unverhältnismäßig hohe Aufbewahrungskosten, die Gefahr des Verderbs etc. anfallen, oder z.B. ein Grundstück einen Zuschußbetrieb darstellt.[25]

---

22 Gemäß § 1589 Abs.1 S.1 BGB, Verwandte in gerader Linie
23 RGZ 71, 162 (169); BGH FamRZ 1961, 473 (475); BGHZ 21, 229 (234); OLG Hamm FamRZ 1975, 510 (511,512); MK-Schwab, § 1795 Rz 19; Soergel-Leptien, § 181 Rz 42; Soergel-Damrau, § 1795 Rz 7
24 Boehmer, II/2 S. 50 f
25 BGHZ 49, 1 (3); Hörle, ZBlFG 1909, 751 (752); Firsching, IV C 4 S. 151; Johannsen, WM 1972, 917 (919); Brand/Kleef, S. 467; Möhring S. 148,149

Trotzdem ist aus den Formulierungen in der Literatur zu dem Thema der Selbstbefriedigungsmöglichkeit durch den Vormund bzw. Nachlaßpfleger die Gestattung der primären Veräußerung zugunsten des gesetzlichen Vertreters zu entnehmen. So gehen z.B. Engler,[26] Schlechtriem[27] und Dölle[28] davon aus, daß, wenn kein Bargeld im Nachlaß vorhanden ist, der Vormund die zu dessen Beschaffung erforderlichen Rechtsgeschäfte vornehmen kann, jedoch mit der Einschränkung der nach den allgemeinen Vorschriften (§§ 1812, 1822 ff BGB) notwendigen Genehmigung des Vormundschaftsgerichts bzw. des Gegenvormundes. Allerdings wird in diesen Ausführungen nicht der Verwendungszweck des so erhaltenen Bargeldes erwähnt. Es liegt jedoch auf Grund der Äußerungen im Rahmen des Aufwendungsersatzes und der Vergütung nahe, daß der Nachlaßpfleger berechtigt ist, sich selbst aus diesem Geld zu befriedigen. Es soll nicht ausschließlich zur Sicherung und Erhaltung des Nachlasses dienen. Für die Gewährung einer derartigen Veräußerungsmöglichkeit spricht die ansonsten lange Auslagepflicht, insbesondere bezüglich der Aufwendungen, und der aus diesem Grunde normierte Vorschußanspruch, § 1835 Abs.1 S.1 BGB. Der Nachlaßpfleger erhält so einen Anreiz zur ordnungsgemäßen Ausübung seines Amtes, er ist eher bereit besondere Tätigkeiten zu Sicherung und Erhaltung vorzunehmen. Demgegenüber steht aber die Gefahr, daß der Nachlaßpfleger den gesamten Nachlaß in seinem Interesse verwertet, ohne die Interessen der zukünftigen Erben bzw. der Nachlaßgläubiger zu berücksichtigen. Er entnimmt zur Deckung seiner Aufwendungen oder als Vorschuß als erste Amtshandlung wertvolle Gegenstände und führt nach seiner Befriedigung sein Amt nicht mehr oder nur noch mit geringstmöglichem Aufwand fort. Dadurch erfolgt nicht nur eine unberechtigte Verringerung des den Erben gebührenden Nachlasses, sondern auch für die übrigen Nachlaßgläubiger tritt eine Reduzierung der Haftungsmasse ein. Außerdem entsteht bei der Veräußerung von Gegenständen ein ähnlicher, durch § 181 BGB zu vermeiden versuchter Interessenkonflikt. Der Pfleger verhandelt mit dem Geschäftspartner über den Preis des Gegenstandes, den er letzten Endes, geleitet durch sein Eigeninteresse und nicht im Sinne des Nachlasses, bestimmt. Auch die Festsetzung der Höhe der Ansprüche bleibt dem Nachlaßpfleger überlassen. Diese Folge steht aber im krassen Widerspruch zur Rechtssicherheit und den Interessen des Erben an dem Erhalt des ererbten Vermögens.

---

26   In RGRK, 10/11. Aufl., § 1835 Rz 12
27   In Erman, § 1835 Rz 2
28   In Familienrecht Bd 2 § 129 I 4

Zwar ist eine Überwachung durch das Nachlaßgericht, wie auch eine Pflicht zur Rechenschaftslegung und Schadensersatz gegenüber den Erben gesetzlich normiert, §§ 1837, 1843, 1833, 1915 Abs.1, 1960, 1962 BGB, aber diese beseitigen den Interessenkonflikt und die dadurch entstehende Gefahr nicht. Die Gefährdung des Nachlaßvermögens und die auf der anderen Seite für den Nachlaßpfleger bestehenden Rechte, das Vorschußrecht und ein Einbehaltungsrecht von Nachlaßgegenständen gegenüber den Erben bis zu seiner Befriedigung führt dazu, daß grundsätzlich eine Ausnahme bezüglich der Entnahme bzw. Veräußerung von Gegenständen primär zu Selbstbefriedigung nicht statthaft ist.[29] Nur in den Fällen, in denen der Nachlaßpfleger auf Grund einer zur Erhaltung des Nachlasses zwingend erforderlichen Veräußerung Bargeld erlangt, ist er in Abweichung von dem Grundsatz des Veräußerungsverbots berechtigt Nachlaßvermögen zu verkaufen und zu übereignen. Aus dem so erlangten Bargeld kann er sich infolge der Ausnahme gemäß § 181 letzter HS BGB - wie bei Vorliegen von Bargeld im Nachlaß - durch eine reine Erfüllung seiner Verbindlichkeiten befriedigen.

II. Die Befriedigungreihenfolge der Nachlaßgläubiger

Im Rahmen dieser, wenn auch eingeschränkten Möglichkeit der Selbstbefriedigung der Aufwendungsersatzansprüche und der festgesetzten Vergütung durch den Nachlaßpfleger, ergibt sich aber oftmals eine Benachteiligung der Nachlaßgläubiger. Diese ist insbesondere gegeben, wenn der Nachlaß zur Befriedigung aller Nachlaßgläubiger einschließlich des Nachlaßpflegers nicht ausreicht und kein Nachlaßkonkurs eröffnet ist.[30] Diese Konsequenz ist hauptsächlich für die Nachlaßgläubiger nur dann akzeptabel, wenn eine Befriedigungsreihenfolge der Nachlaßgläubiger bestünde bzw. sich aufstellen ließe und der Nachlaßpfleger das Recht - oder auch nur die Möglichkeit - hätte, sich als Erster aus dem Nachlaß zu befriedigen.

---

29   Siehe B I 2 a
30   Zur Beantragung des Nachlaßkonkurses ist der Nachlaßpfleger nur gegenüber den Erben zur Vermeidung von Schadensersatzansprüchen verpflichtet, denn § 1985 Abs.2 BGB findet nach herrschender Meinung keine Anwendung. KG FamRZ 1975, 292 (293); Ziegltrum S. 162 f; Jäger-Weber, §§ 217-220 Rz 24; v. Lübtow, S. 1151; Bley, § 113 Rz 17; Staud.-Marotzke, § 1990 Rz 20 m.w.N.

1. Die Rangfolge von Forderungsrechten

Eine Rangfolge mehrerer Rechte an einem Vermögensgegenstand bzw. am gesamten Vermögen ist dem BGB nicht fremd (vergl. §§ 879 Abs.1, 1209, 1608 BGB usw). Das Gesetz hat aber kein allgemeines Prinzip für die Rechtskollision aufgestellt, sondern nur Einzelfälle geregelt.[31] So richtet sich z.B. im Sachenrecht die Rangfolge der dinglichen Rechte nach dem Prioritätsprinzip (prior tempore potior iure), bei Mobiliarrechten entscheidet grundsätzlich der Moment der Entstehung des Rechtes.[32] Forderungen gegen denselben Schuldner stehen einander gleich. Es besteht grundsätzlich kein Altersvorzug.[33]

Eine Reihenfolge der Befriedigung der Nachlaßgläubiger insbesondere besteht nach Literatur und Rechtsprechung lediglich in dem Fall, in dem der Nachlaß dürftig im Sinne von §§ 1990, 1991 BGB ist. Gemäß § 1991 Abs.3 BGB besitzen bei der grundsätzlich freien Befriedigungsreihenfolge des Erben die Nachlaßgläubiger einen Vorrang, die ein rechtskräftiges Urteil erstritten haben. Nachrangigkeit gemäß § 1991 Abs.4 BGB gilt bei der Befriedigung der Pflichtteils-, Vermächtnis- und Auflagengläubiger selbst dann, wenn sie bereits die rechtskräftige Verurteilung des Erben erwirkt haben. Der Erbe selbst braucht den Nachlaß erst nach Befriedigung seiner eigenen Ansprüche herauszugeben, so daß er gemäß § 181 BGB den entsprechenden Betrag entnehmen kann.[34]

2. Die spezielle Befriedigungsreihenfolge bezüglich der Nachlaßgläubiger - das Erstzugriffsrecht des Nachlaßpflegers

Mangels eigener gesetzlich normierten Regelungen bezüglich der Befriedigungsreihenfolge des Nachlaßpflegers gegenüber den Nachlaßgläubigern bzw. den zukünftigen Erben, kann eine Rangfolge sich nur durch Auslegung oder entsprechende Anwendung bestimmter Vorschriften ergeben.

---

31 Vergl. zur Rangvereinbarung B II 3 b a.E.
32 Soweit nicht gemäß § 936 BGB der Schutz des guten Glaubens vorgeht.
33 Eine gewisse Rücksicht auf das Alter normiert jedoch § 366 Abs.2 BGB, wonach eine Anrechnung einer Erfüllungsleistung auf die älteste Forderung erfolgt.
34 MK-Siegmann, § 1991 Rz 2; Palandt-Edenhofer, § 1991 Anm 3,4

II. Die Befriedigungreihenfolge der Nachlaßgläubiger

a) Reihenfolge aus §§ 1835, 1836 BGB

Zur Herleitung eines Rechts auf Erstzugriff des Nachlaßpflegers bzw. einer beliebigen Reihenfolge der Gläubigerbefriedigung kommt eine Heranziehung der Grundsätze der §§ 1835, 1836 BGB in Betracht. Zur Beantwortung dieser Frage, ob sich aus den Regelungen der §§ 1835, 1836 BGB eine derartige Befriedigungsreihenfolge ergibt, sind ihr Inhalt und die Rechtsfolgen erneut kurz darzustellen.

aa) § 1836 BGB bestimmt, daß die Tätigkeit des Vormunds und über §§ 1915 Abs.1, 1962, 1960 BGB die des Nachlaßpflegers, unentgeltlich zu führen ist. Sie stellt eine Ehrenpflicht dar, die der Vormund oder Pfleger als Glied der Volksgemeinschaft zum Schutze und zur Betreuung des Mündels uneigennützig zu erfüllen hat.[35] Nur in besonderen Ausnahmefällen erfolgt gemäß § 1836 Abs.1 S.2 BGB die Bewilligung einer Vergütung durch das Nachlaßgericht. Auf Grund des Charakters dieser Bestimmung mit der grundsätzlichen ausdrücklichen Ablehnung einer Vergütung kann ein derartiges Recht auf Erstzugriff aus dem Vermögen des Erblassers - bezüglich insbesondere der Vergütungen - des Nachlaßpflegers nicht gefolgert werden.

bb) Auch das Recht auf Aufwendungsersatz gemäß §§ 1835, 1915 Abs.1, 1960, 1962 BGB gibt keinen Anhaltpunkt für ein Erstzugriffsrecht. Zwar liegen der Sinn und Zweck des Aufwendungsersatzes in der ordnungsgemäßen und interessengerechten Erledigung der Aufgaben, aber der Aufwendungsersatz stellt ebenfalls - wie die Vergütung - eine Ausnahme von dem Grundsatz der Unentgeltlichkeit und der Ehrenamtlichkeit dar.[36] Er ist eine übliche Folge beim Vorliegen eines Ehrenamtes.[37]

Infolgedessen läßt sich über die Heranziehung der §§ 1835, 1836 BGB kein solcher Erstzugriff bzw. eine Reihenfolge der Befriedigung begründen.

b) Reihenfolge aus §§ 1990, 1991 BGB

Denkbar zur Festlegung einer bestimmten Reihenfolge der Befriedigung sind die §§ 1990, 1991 BGB. Nach diesen Vorschriften ist der Erbe bei der Befriedigung der Gläubiger auf Grund des Umkehrschlusses aus § 1991 Abs.3,

---

[35] RGZ 149, 172 (176)
[36] BVerfGE 54, 251 (267)
[37] Brockhaus, Bd 3 Stichwort "Ehrenamt"; Meyer, Bd 6 Stichwort "Ehrenamt"

Abs.4 BGB nicht an eine bestimmte Befriedigungsreihenfolge gebunden. Die Durchsetzung seiner Ersatzansprüche obliegt dem Erben selbst. Er kann sich seine Aufwendungen und Vergütungen, soweit sie ersatzfähig sind, selbst ohne Rücksicht auf die Nachlaßgläubiger "aus dem Nachlasse" (vergl. § 1978 Abs.3 BGB) entnehmen.[38] Diese Möglichkeit ergibt sich nach einer ersten u.a. vom Reichsgericht vertretenen Ansicht aus der analogen Anwendung von § 1991 Abs.3 BGB für Personen, die selbst kein rechtskräftiges Urteil gegen den Erben erlangen können. Sie sind denen gleichzustellen, die bereits ein derartiges Urteil erstritten haben.[39] Nach der Ansicht von Marotzke[40] ist eine derartige Analogie zu § 1991 Abs.3 BGB nicht notwendig, denn der Erbe ist bei einer Nachlaßgläubigerbefriedigung nicht an eine bestimmte Reihenfolge gebunden und somit auch ohne Analogie nicht gehindert, sich an erster Stelle selbst zu berücksichtigen. Beide Ansichten gelangen aber zu demselben Ergebnis, der Möglichkeit des Erben sich vor den Nachlaßgläubigern aus dem Nachlaß zu befriedigen. Die Anwendung dieser sich im Wortlaut nur auf den Erben beziehenden Vorschrift auf den Nachlaßpfleger ergibt sich auf den ersten Blick bereits aus der Stellung als gesetzlicher Vertreter des Erben. Er besitzt und verwaltet den Nachlaß für den zukünftigen Erben. Außerdem tritt der Nachlaßpfleger in gewissen Angelegenheiten bis zur Annahme der Erbschaft durch den Erben an dessen Stelle, um einen Schwebezustand bei Nachlässen zu vermeiden.[41]

Gegen diese von der herrschenden Meinung vertretenen Ansicht der grundsätzlichen Anwendbarkeit der §§ 1990 ff BGB auf die Nachlaßpflegschaft[42] ist in Bezug auf die Gestattung eines Erstzugriffs, einer Aufstellung einer Befriedigungsreihenfolge, einzuwenden, daß dem Nachlaßpfleger grundsätzlich nur die Aufgabe der Erbenermittlung und der "Nachlaßverwaltung", nicht die Gläubigerbefriedigung zusteht. Außerdem haben die §§ 1990, 1991 BGB bezüglich der Nachlaßpflegschaft nur eine geringen Anwendungsbereich. Die als Einrede konzipierten Normen setzen die Dürftigkeit des Nachlasses voraus, d.h. daß eine die Kosten der Nachlaßverwaltung und des Nachlaßkonkursverfahrens deckende Masse fehlt.[43] Eine derartige Dürftigkeit, die nicht durch

---

38 Staud-Marotzke, § 1991 Rz 13; Schäfer, S. 109/110
39 RG WarnRspr 1914 Nr 213; RGZ 139, 199 (202); Soergel-Stein, § 1991 Rz 7; RGRK-Johannsen, § 1991, Rz 6
40 Staud.-Marotzke, § 1991 Rz 20
41 Ziegltrum, S. 23
42 Palandt-Edenhofer, § 1990 Anm 2 a; Brox, Rz 681; Kipp/Coing, § 99 I 4; Moser, S. 80
43 MK-Siegmann, § 1990 Rz 2

die Entnahme von Vermögen durch den Erben bzw. den Nachlaßpfleger herbeigeführt werden darf,[44] ist nicht in sämtlichen Fällen einer Nachlaßpflegschaft gegeben. Es besteht, abgesehen von der durch den Wortlaut und Zweck der §§ 1990, 1991 BGB eingeschränkten Anwendbarkeit auf den Nachlaßpfleger,[45] eine Einschränkung des Entnahmerechts des Nachlaßpflegers. Der Anwendungsbereich der §§ 1990, 1991 BGB auf die fraglichen Fälle ist sehr eingeschränkt. §§ 1990 ff BGB stellen nur für einen geringen Teil der Problemfälle eine direkte Lösung dar. Sie geben dem Nachlaßpfleger nicht grundsätzlich das Recht sich aus dem Nachlaß zu befriedigen, bzw. stellen keine generelle Befriedigungsreihenfolge auf.

c) Analoge Anwendung der §§ 1990, 1991 BGB

Mangels einer direkten Anwendung der §§ 1990, 1991 BGB besteht die Möglichkeit eine Befriedigungsreihenfolge, argumentum e contrario den Erstzugriff, aus der analogen Anwendung der §§ 1990 ff BGB, insbesondere § 1991 BGB zu folgern.[46] Dem Nachlaßpfleger stehen in dem festgesetzten Vergütungs- und dem Aufwendungsersatzanspruch eigene Forderungen gegen die von ihm vertretenen Erben zu. Er kann nicht durch eine Klage gegen sich selbst einen vollstreckbaren Titel erlangen. Der Pfleger befindet sich in einer der des Erben, der den Nachlaß in Besitz hat und dem durch die Verwaltung Ansprüche gegen diesen zustehen, vergleichbaren Situation.[47, 48] Diese parallele Stellung führt dazu, daß der Nachlaßpfleger wie der Erbe einem Gläubiger gleichzustellen ist, der ein rechtskräftiges Urteil gegen den Erben erstritten und dadurch ein Vorwegbefriedigungsrecht erlangt hat. Lediglich die in § 1991 Abs.4 BGB genannten Personengruppen sind besonders zu berücksichtigen.

Auf Grund der vergleichbaren Situation liegt eine analoge Anwendung dieser Vorschrift auf die allgemeine Befriedigung der Nachlaßgläubiger durch den Nachlaßpfleger bzw. zur Aufstellung einer Befriedigungsreihenfolge nahe.

---

44 MK-Siegmann, § 1990 Rz 4
45 Z.B. ist § 1990 Abs.1 S.1 BGB für den Nachlaßpfleger bedeutungslos, denn es bedarf dieser Einschränkung mangels Haftungsverpflichtung aus dem Eigenvermögen gegenüber den Nachlaßgläubigern nicht. Vergl.dazu: Zieglrtum, S. 168; Staud.-Marotzke, § 1990 Rz 44
46 OLG Dresden OLGZ 35, 373 (374); Staud.-Marotzke, § 1990 Rz 44; RGZ 139, 199 (202)
47 Siehe B II 2 b: bezüglich der Erben
48 OLG Dresden OLGZ 1935, 373 (374); Staud.-Marotzke, § 1991 Rz 20; Lange/Kuchinke, § 51 III 5b Fn 255; Kipp/Coing, § 99 I 4 S. 574

Eine Analogie ist gekennzeichnet durch die Unterwerfung eines Sachverhalts, für den keine unmittelbar anwendbare Norm besteht, unter die für ähnliche Fälle eingreifende Norm, mit dem Zweck der Erzielung gerechter Ergebnisse.[49] Obwohl die Interessenlage des Nachlaßpflegers auf Erstzugriff nach den obigen Ausführungen im Normzweckbereich der §§ 1990, 1991 BGB zu liegen scheint, spricht die Entstehungsgeschichte der sog. Abzugseinrede der §§ 1990, 1991 BGB gegen eine Analogie: Die Abzugseinrede der §§ 1990 ff BGB und die Nachlaßverwaltung, sind Teile der alten "Abzugseinrede", §§ 2133 ff E.[50] Der Entwurf II setzte an die Stelle der privaten Abzugseinrede die amtliche Nachlaßseperation (Nachlaßkonkurs bzw. Nachlaßverwaltung) und behielt die Abzugseinrede nur für ganz bestimmte Fälle bei.[51] Insofern besteht zwischen der Nachlaßverwaltung und der "heutigen" Abzugseinrede eine gewisse, vom Gesetzgeber beabsichtigte, Gegensätzlichkeit. Außerdem "läßt die Behandlung von Verwaltung und Konkurs erkennen, daß beide als zwei gleichwertige Mittel zur Erreichung desselben Zwecks zu betrachten und deshalb, wo zusammen erwähnt, auch zusammen behandelt werden müssen".[52] Die Nachlaßpflegschaft unterscheidet sich aber in wesentlichen Punkten von der Nachlaßverwaltung. Die Nachlaßverwaltung ist eine primär den Gläubigern nützliche Verwaltung. Sie tritt unter den öffentlich bestellten Verwaltungen in ihrer Wirkung nach außen am stärksten in Erscheinung. Neben dem Nachlaßverwalter hat der Erbe keinerlei Befugnis zur Verwaltung und Verfügung. Im Gegensatz dazu ist der Erbe neben dem Nachlaßpfleger voll handlungs- und verfügungsbefugt. Andererseits wird in den Motiven und Protokollen die Nachlaßpflegschaft als Oberbegriff für die Nachlaßpflegschaft im Sinne von §§ 1960 ff und die Nachlaßverwaltung verwandt und selbst in der heutigen Literatur wird die Nachlaßverwaltung als Art der Nachlaßpflegschaft angesehen.[53] Dies folgt bereits aus § 1975 BGB.[54] Obwohl der Nachlaßpfleger bei Vorliegen der engen Voraussetzungen der §§ 1990 ff BGB wie der Erbe berechtigt ist die Dürftigkeitseinrede mit ihren Folgen geltend zu machen,[55] führt eine weitere Ausdehnung des Anwendungsbereichs auf die generelle Frage der Befriedigungsreihenfolge dazu, daß sämtliche Gläubiger,

---

49 Vergl. Larenz, Methodenl. S. 365 f
50 Staud-Marotzke, § 1990 Rz 1; Melsbach, DNotZ 11, 671 (673)
51 Protokolle V S. 759 ff
52 Melsbach, DNotZ, 11, 671 (673)
53 Ziegltrum, S. 33; Palandt-Edenhofer, § 1975 Anm 2
54 Staud-Marotzke, § 1985 Rz 1
55 Siehe B II 1 b

II. Befriedigungsreihenfolge der Nachlaßgläubiger   47

um ihre Forderungen beim Bestehen einer Nachlaßpflegschaft durchsetzen zu können, Klage erheben und die Zwangsvollstreckung beantragen müßten.[56]

Dieses ist ein wenig befriedigendes, für die Gläubiger mit hohen Kosten verbundenes Verfahren, wobei die Nachlaßgläubiger vermehrt Gefahr laufen würden, leer auszugehen. Auch für den Nachlaßpfleger bestände die Gefahr, daß er seine Aufwendungen und die vom Nachlaßgericht festgesetzte Vergütung sich nicht mehr entnehmen könnte, weil ihm dieser Betrag, bzw. sogar der gesamte Nachlaß "vor der Nase" weggepfändet wird.[57]

Eine entsprechende Anwendung der in §§ 1990 ff BGB normierten Regelung führt somit nicht zu einem interessengerechten Ergebnis. Für den Nachlaßpfleger kann aus diesen Vorschriften *kein Recht* auf Erstzugriff aus dem Nachlaß zur Befriedigung seiner Ansprüche gefolgert werden. Es besteht keine Möglichkeit zur Aufstellung einer angemessenen Befriedigungsreihenfolge der Nachlaßgläubiger.

d) Anwendung des § 1979 BGB

Letztendlich bleibt die Möglichkeit der Heranziehung des § 1979 BGB zur Begründung eines Erstzugriffs des Nachlaßpflegers auf den Nachlaß zur Befriedigung seiner Ansprüche. Gemäß § 1979 BGB müssen die Nachlaßgläubiger die vom Erben bewirkte Befriedigung einer Nachlaßverbindlichkeit "als Rechnung für den Nachlaß erfolgen lassen". D.h. der Erbe kann alle Nachlaßgläubiger, auch die Minderberechtigten, nach seinem Belieben befriedigen, solange er ohne Fahrlässigkeit annimmt, daß der Nachlaß zur Befriedigung aller Verbindlichkeiten ausreicht.[58] In § 1979 BGB kommt der Grundsatz zum Ausdruck, daß die Reihenfolge und der Umfang der Befriedigung der Gläubiger nur dann in das Ermessen des Erben (und über § 1985 Abs.2 S.2 BGB des Nachlaßverwalters) gestellt ist, wenn die Gewißheit besteht oder doch zumindest die Umstände zu der Annahme berechtigen, daß die Nachlaßverbindlichkeiten die Masse nicht übersteigen können.[59] Diese sich im Wortlaut auf die Erben beziehende Vorschrift müßte auf den Nachlaßpfleger übertragbar sein. Gegen die Anwendbarkeit des § 1979 BGB spricht seine systematische

---

56 Weißler, S. 131
57 Schmidt, DRiZ 1918, 299 (300)
58 Lange/Kuchinke § 51 III 3 c a
59 So Melsbach, DNotZ 1911, 671 (672)

Stellung im Bereich der Regelungen über die Nachlaßverwaltung. Zwar stellt der Begriff "Nachlaßpflegschaft" einen Oberbegriff für den Nachlaßpfleger im Sinne von §§ 1960, 1961 BGB und den Nachlaßverwalter gemäß § 1975 BGB dar,[60] aber für die Unterart der Nachlaßverwaltung sind spezielle Vorschriften normiert, die auf das allgemeine Institut der Nachlaßpflegschaft in der Regel nicht anzuwenden sind.

Zu berücksichtigen ist jedoch, daß bei der Versagung einer Regelung entsprechend § 1979 BGB für den Nachlaßpfleger inklusive der daraus folgenden Haftung, die Gefahr für die Nachlaßgläubiger besteht einen Nachteil durch die Anordnung einer Nachlaßpflegschaft zu erlangen. Sind die Nachlaßgläubiger nur auf einen Anspruch gegen die Erben, die für das Verschulden des Nachlaßpflegers nach § 278 BGB einzustehen haben,[61] beschränkt - es entsteht eine Nachlaßverbindlichkeit - steht dem durch den Nachlaßpfleger Geschädigten nur ein durch die Möglichkeit der Haftungsbeschränkung eingeschränktes Vermögen zur Verfügung.

Aus diesem Grunde und mangels detaillierter Regelungen für die Nachlaßpflegschaft wäre die Anwendung der §§ 1985 Abs.2 S.2 iVm 1978 Abs.2, 1979, 1980 BGB opportun.

Die herrschende Meinung in der Rechtsprechung und der Literatur lehnt aber eine Anwendung des § 1985 Abs.2 BGB auf den Nachlaßpfleger ab,[62] da der Nachlaßpfleger im Gegensatz zu dem Nachlaßverwalter nur die Interessen des endgültigen Erben, nicht die der Nachlaßgläubiger zu wahren hat. Der ausschlaggebende Grund der Verwaltung des Nachlasses für die Schaffung des § 1985 Abs.2 BGB ist beim Nachlaßpfleger im Sinne von §§ 1960, 1961 BGB nicht gegeben. Seine primäre Aufgabe liegt nicht in der Befriedigung der Nachlaßgläubiger. Dieser in § 1975 BGB für den Nachlaßverwalter normierte fremdnützige Zweck führt zu einer Beschränkung der Verfügungsmacht des Erben (§ 1984 Abs.1 BGB), die bei einer Nachlaßpflegschaft gemäß § 1960 BGB nicht gegeben ist. Der Erbe behält seine Verpflichtungs- und Verfügungsmacht.[63] Die Annahme bzw. die Ablehnung des § 1985 BGB bezieht sich

---

[60] Siehe B II 3 c
[61] Zieglrum, S. 204 m.w.N.; Palandt-Edenhofer, § 1960 Anm 5 e; Soergel-Stein, § 1960 Rz 35
[62] RGZ 151, 57 (63/64); MK-Leipold, § 1960 Rz 49; Staud.-Otte/Marotzke, § 1960 Rz 53,54; RGRK-Johannsen, § 1960 Rz 34
[63] Staud.-Otte/Marotzke, § 1960 Rz 42; Möhring, S. 159; Lange/Kuchinke, § 40 IV 4 f; Leipold, § 18 I 5 d; v. Lübtow, Bd II S. 758; a.A.: Siber, JherJb 67, 81 (126); Hellwig, S. 297

primär also auf die Haftung des Nachlaßpflegers, auf § 1985 Abs.2 S.1 BGB. Für die Anwendung des § 1985 Abs.2 S.2 BGB mit der Folge der Übertragung der §§ 1978 Abs.2, 1979, 1980 BGB bestehen meines Erachtens die gleichen obengenannten Ablehnungsgründe. Zwar bezieht sich § 1985 Abs.2 S.2 BGB isoliert betrachtet nicht expressis verbis auf die Haftung des Nachlaßverwalters bzw. des Nachlaßpflegers, aber durch die Verweise auf die §§ 1978 Abs.2, 1979 und § 1980 BGB erfolgt eine weitere Haftungsausdehnung. § 1979 BGB konkretisiert die nach § 1978 Abs.1 BGB bestehende Ersatzpflicht der Erben bei schlechter Verwaltung und Befriedigung von Nachlaßverbindlichkeiten aus Nachlaßmitteln.[64] Sie stellt also eine Haftungsregelung auf, bei deren Anwendung auf den Nachlaßpfleger eine Haftung entsprechend den Erben entstehen würde. Diese soll jedoch für den Nachlaßpfleger vermieden werden. Er haftet nur dem Erben gegenüber; den Nachlaßgläubiger hat für schuldhafte Pflichtverletzungen des Nachlaßpflegers als gesetzlicher Vertreter der Erbe über § 278 BGB einzustehen.[65] Eine entsprechende Geltung des § 1985 BGB scheitert außerdem an der dem Nachlaßpfleger nicht obliegenden Konkursantragspflicht. Bei der Anwendung des § 1985 BGB würde über § 1985 Abs.2 S.2 iVm § 1980 BGB ihm eine solche auferlegt.

Infolgedessen kann über § 1985 BGB eine Anwendung des § 1979 BGB nicht postuliert werden.[66] Die §§ 1978, 1979 BGB können somit nicht zur Aufstellung einer Befriedigungsreihenfolge, der Möglichkeit einer Vorwegbefriedigung des Nachlaßpflegers herangezogen werden.

Eine Reihenfolge zur Gläubigerbefriedigung ist aus den familien- und erbrechtlichen Vorschriften des BGB direkt nicht zu folgern.

e) Die konkursmäßige Befriedigung

Es bleibt aber der für den Nachlaßpfleger auf Grund der detaillierten Ausgestaltung einfache Weg der konkursmäßigen Befriedigung. Die Folge der entsprechenden Anwendung der Konkursvorschriften ist, daß sämtliche Nachlaßgläubiger, auch der Nachlaßpfleger nach den ihnen gesetzlich festgelegten Quoten befriedigt werden.

---

[64] Jauernig-Stürner, § 1979 Anm 1
[65] Erman-Schlüter, § 1978 Rz 4; MK-Leipold, § 1960 Rz 50; RGRK-Johannsen, § 1960 Rz 33
[66] Andere Ansicht dazu siehe.: v.Lübtow, Bd II S. 759; Koeßler, JherJb 64, 412 (414); Strohal, S. 65 Fn 58

Bei der Verteilung der Konkursmasse stellen die Aufwendungsersatzansprüche des Nachlaßpflegers gemäß § 224 Abs.1 Nr 6 KO, die Vergütung gemäß § 224 Abs.1 Nr 4 KO Masseschulden dar,[67] die gemäß §§ 224 Abs.2, 60 Abs.1 Nr 3 KO denen des § 59 Abs.1 Nr 3, 4 KO im Range gleich stehen und deshalb, wenn der Nachlaß nicht ausreicht, unter Ausschluß der Massekosten (§§ 58 KO) und der Masseschulden im Sinne von § 59 Abs.1 Nr 1, 2 KO anteilsmäßig hinter den Aussonderungsgläubigern (§§ 43 ff KO), den Absonderungsberechtigten gemäß §§ 47 ff, 64 KO und den Aufrechnungsgläubigern (§§ 53 ff KO) zu befriedigen sind.[68],[69]

Eine derartige Verteilung des Nachlasses verhindert im Interesse der übrigen Gläubiger, daß dem Nachlaßpfleger ein zu großer Einfluß eingeräumt wird. Es soll eine vom Zufall, der Willkür und eventuellen Schikane des Nachlaßpflegers geleitete Befriedigung vermieden werden.[70] Auch entspricht diese Lösung der Gläubigerkonkurrenz und dem Sinn und Zweck des Konkurses.

Insbesondere, da dem Nachlaßpfleger keine Konkursantragspflicht obliegt,[71] wird durch eine derartige Anwendung der Konkursvorschriften diese fehlende Pflicht "ausgeglichen". Die Gläubiger dürfen bei einer vom Nachlaßgericht (Rechtspfleger) gemäß § 1960 angeordneten Nachlaßpflegschaft nicht schlechter stehen, als bei einer angeordneten Nachlaßverwaltung, insbesondere, da sie die vom Nachlaßgericht bestimmte Anordnung nicht beeinflussen können. Für die Gläubiger besteht eine größere Garantie einer ordnungsgemäßen Verwaltung und Verwendung des Nachlasses.[72]

Diese Befürwortung der Übertragung der konkursrechtlichen Vorschriften widerspricht aber der Konkursordnung, in der für den Fall der Überschuldung des Nachlasses ein besonderes Verfahren, der Nachlaßkonkurs gemäß §§ 214 ff KO normiert ist. Auch das Ziel und die Funktion der Nachlaßpflegschaft werden unterlaufen. Der Nachlaßpfleger hat primär die Aufgabe, den Nachlaß zu sichern und zu erhalten. Daß er in besonderen Fällen, wenn es der Sicherung und Erhaltung des Nachlasses dient, berechtigt ist, einzelne oder sogar auch den gesamten Nachlaß zu veräußern, darf nicht überbewertet werden.

---

67 Jaeger-Weber, § 224 Rz 15; RGRK-Johannsen, § 1960 Rz 41
68 Schlüter, § 54 IV 5, S. 459; Jaeger-Weber, § 224, Rz 17
69 Siehe aber das Zurückbehaltungsrecht, B III 2 b
70 Vergl. Protokolle, V S. 800
71 Siehe Fn 29; B II 3 d
72 Planck, DJZ 1899, 365 (366)

II. Befriedigungsreihenfolge der Nachlaßgläubiger

Ist der Nachlaßpfleger jedoch zu einer konkursmäßigen Befriedigung verpflichtet bzw. erhält er dadurch die Möglichkeit des Erstzugriffs, folgt daraus der Anschein einer regelmäßigen Vornahme der Befriedigung der Nachlaßgläubiger; eine solche Pflicht scheint zu seinem Amte zu gehören. Dies ist aber gerade nicht der Fall.[73] Es entstünde eine dritte, dem geltenden Recht fremden Verfahrensart, der sog. "kalten Konkurs", den das BGB nicht kennt.[74]

Außerdem beinhaltet eine derartige konkursmäßige Befriedigung durch den Nachlaßpfleger auf Grund der genauen Konkursvorschriften die Gefahr eines peinlich genauen Verfahrens, das die Kräfte des Nachlaßpflegers überfordert.[75] Zwar ist in diesem Zusammenhang zu berücksichtigen, daß als Nachlaßpfleger in der Regel Rechtsanwälte (Berufsvormund, Berufsnachlaßpfleger) oder Personen eingesetzt werden, die in der Lage sind eine derartige Verwaltung vorzunehmen.[76] Von diesen Personen könnte man annehmen, daß sie in der Lage sind, die oftmals schwierige Unterscheidung zwischen Masseschulden, Massekosten, bevorrechtigten und nicht bevorrechtigten Gläubigern etc. zu treffen. Die Folge ist aber, daß das Nachlaßgericht bei der Auswahl der Nachlaßpfleger genau die Personen kennen muß, insbesondere, wenn es sich nicht um "Berufsnachlaßpfleger" handelt. Da das Nachlaßgericht bzw. der einzelne Rechtspfleger mit dieser Auswahl in der Regel überfordert ist, müßte er eine detaillierte Aufstellung, eventuell durch die Hinzuziehung von Sachverständigen erhalten. Eine derartige genaue Kenntnis der einzelnen Person ist jedoch meist nicht möglich, und führte dazu, daß nur noch sehr wenige Personen für das Amt des Nachlaßpflegers in Frage kommen würden.

Dies widerspricht der gesetzlichen Vorstellung die zwar eine Auswahl durch das Nachlaßgericht, auch nach Befähigung, Zuverlässigkeit und Vertrauenswürdigkeit, vorsieht,[77] aber auf der anderen Seite ist das Bestehen einer Pflicht jedes Deutschen zur Übernahme einer ihm angetragenen Nachlaßpflegschaft normiert. Diese Staatsbürgerpflicht würde durch die starke Einengung des Personenkreises leerlaufen.

Insofern kann nicht ohne weiteres davon ausgegangen werden, daß jeder Nachlaßpfleger in der Lage ist, Nachlaßgläubiger konkursmäßig zu befriedi-

---

73 Schnupfhagn, S. 308; Johannsen, WM 1972, 917 (919); Firsching, IV C 4, S. 51
74 Vergl. Lange, Erbenhaftung S. 85
75 In Bezug auf die Erben: Lange, S. 85; Protokolle, V. S. 800, 801
76 Siehe unten C I
77 Moser, S. 97; Soergel-Stein, § 1960 Rz 22; Ziegltrum, S. 105 f

gen. (Eine solche Fähigkeit wird sogar z.T. den Nachlaßverwaltern gemäß § 1975 BGB abgesprochen, die gemäß § 1981 Abs.3 BGB im Gegensatz zu den Nachlaßpflegern nicht zur Annahme des Amtes verpflichtet sind.[78]) Eine Berechtigung des Nachlaßpflegers zur möglicherweisen Erstbefriedigung ist aus den konkursrechtlichen Vorschriften nicht zu ersehen.

f) Ergebnis

Die unter Punkt 1 bis 5 dargelegten Versuche einer am Gesetz orientierten Lösung der Frage der Befriedigungsreihenfolge zeigen, daß sich weder aus den Vorschriften des BGB, §§ 1835, 1836; 1990 ff; 1979, 1978, 1985 Abs.2 noch aus den konkursrechtlichen Vorschriften eine Reihenfolge bei der eingeschränkten Befriedigung der Nachlaßgläubiger durch den Nachlaßpfleger ergibt. Dieses Ergebnis beinhaltet im Umkehrschluß, argumentum e contrario, daß sich keine Pflicht für den Nachlaßpfleger aufstellen läßt. Es resultiert aus den Ausführungen das Fehlen eines Verbotes mit der Folge, daß kein *Recht* des Nachlaßpflegers sich als erster vor allen anderen Nachlaßgläubigern aus dem Nachlaß zu befriedigen besteht. Es ergibt sich lediglich eine *Möglichkeit* des Nachlaßpflegers, sich vorweg, d.h.also *jederzeit* in dem gesteckten Rahmen[79] aus dem Nachlaß zu befriedigen.

III. Möglichkeit des Erstzugriffs - Probleme und Einschränkungen

Dieses Resultat der *Möglichkeit* eines *jederzeitigen* Erstzugriffs des Nachlaßpflegers aus dem Nachlaß zur Befriedigung seiner Aufwendungsersatzansprüche und der festgesetzten Vergütung gemäß §§ 1835, 1836, 1915 Abs.1, 1960, 1962 BGB birgt die Gefahr, daß dem Zufall und der Willkür, eventuell sogar der Schikane durch den Nachlaßpfleger ein großer Einfluß eingeräumt wird.

1. Entstehung und Fälligkeit des Anspruchs

Eine Verringerung dieses Problems stellt - wenigstens teilweise - die erst nach der Entstehung und Fälligkeit des Aufwendungsersatz- und Vergütungs-

---

[78] Melsbach, DNotZ 11, 671 (674)
[79] Siehe oben A

III. Möglichkeit des Erstzugriffs - Probleme und Einschränkungen 53

anspruchs bestehende Berechtigung des Nachlaßpflegers zur Entnahme aus dem Nachlaß dar.

a) Entstehung und Fälligkeit des Aufwendungsersatzanspruchs

Für den Aufwendungsersatzanspruch gelten entsprechend der Verweisung in § 1835 BGB die Vorschriften über den Auftrag,[80] so daß der Entstehungs- und Fälligkeitszeitpunkt des Aufwendungsersatzanspruches gemäß § 670 BGB heranzuziehen ist. Grundsätzlich entsteht der Anspruch auf Aufwendungsersatz gemäß § 670 BGB erst mit Ausführung bzw. bei einer sonstigen Beendigung des Auftragsverhältnisses und wird gemäß § 271 Abs.1 BGB dann sofort fällig.[81] Übertragen auf die Nachlaßpflegschaft bedeutet dies: Die Handlungen des Nachlaßpflegers sind auf *eine* bestimmte Aufgabe in fremdem Interesse gerichtet, die ihm vom Nachlaßgericht verliehen wurde, so daß *ein* Auftrag vorliegt. Dies hat zur Folge, daß der Aufwendungsersatz erst nach der Ausführung des Auftrages, bei Beendigung der Nachlaßpflegschaft, erwächst. Insofern bestünde durch die "späte" Entstehung des Aufwendungsersatzanspruchs eine starke Einschränkung des Erstzugriffs.

Diese Voraussetzungen für die Geltendmachung des Aufwendungsersatzanspruchs gemäß § 670 BGB darf aber insofern auf Grund der Funktion des Anspruchs, Ausgleich der Vermögenseinbuße, kein Vermögensverlust des Beauftragten, insbesondere bei komplexen, viele Handlungen umfassende Tätigkeiten, nicht so eng gefaßt werden. Vielmehr entsteht der Anspruch in dem Zeitpunkt, in dem der Auftraggeber im weitesten Sinne einen "Vermögensverlust" erleidet, nicht bereits unmittelbar nach dem Vermögensopfer und nicht nach der Beendigung des "Gesamtauftrages". Diese weite Auffassung läßt sich ebenfalls auf die Verzinsungspflicht des Auftraggebers gemäß §§ 670, 256 BGB vom Zeitpunkt der Aufwendungen an stützen.[82] Entstünde der Aufwendungsersatzanspruch erst bei vollständiger Beendigung des Auftrages, so wäre der Beauftragte einem hohen Zinsrisiko ausgesetzt.

Zwar besteht grundsätzlich für den Beauftragten ein Recht auf Vorschuß gemäß § 669 BGB, aber dieser kann nicht in der Frage des Entstehungszeit-

---
80 § 1835 Abs.1 BGB beruht auf einer Analogie zwischen Vormundschaft und Auftrag: Staud.-Engler, § 1835 Rz 1
81 RG LZ 12, 326 (328); Soergel-Mühl, § 670 Rz 9
82 MK-Seiler, § 670 Rz 12; Staud.-Selb, § 256 Rz 5

punktes des Aufwendungsersatzanspruches herangezogen werden. Die Vorschußpflicht ergänzt nur den Anspruch auf Aufwendungsersatz. Sie erfordert eine nach objektiven Gesichtspunkten aufzustellende Notwendigkeitsprognose der zukünftigen Aufwendungen. Eine derartige ist aber oft nicht möglich, und es besteht für den Beauftragten keine Verpflichtung zur Geltendmachung eines derartigen Anspruchs. Infolgedessen entsteht der Aufwendungsersatzanspruch des Nachlaßpflegers bei Übergang des durch die Aufwendung bezweckten "Vermögensvorteils" in das Vermögen der Erben.

b) Entstehung und Fälligkeit des Vergütungsanspruchs

Der Vergütungsanspruch entsprechend § 1836 Abs.1 S.2 BGB entsteht mit der Festsetzung durch das Nachlaßgericht, d.h. den Rechtspfleger gemäß §§ 3 Nr 2 c, 16 Abs.1 Nr 1, 14 RPflG. Diese in pflichtgemäßem Ermessen des Rechtspflegers liegende Bewilligung erfolgt in der Regel bei Beendigung der Nachlaßpflegschaft, ist aber auch während der Ausübung des Amtes für bestimmte Abschnitte möglich.[83] Der Erstzugriff wird insofern durch den Entstehungszeitpunkt des Aufwendungsersatzanspruchs bzw. der Bewilligung der Vergütung eingeschränkt. Selbst die Entnahme eines ihm grundsätzlich gemäß §§ 1835, 669, 1915 Abs.1, 1960 BGB zustehenden Vorschusses wird dadurch gehemmt, daß der Nachlaßpfleger wissen oder eine ungefähre Vorstellung haben muß, welche Handlungen vorzunehmen sind.[84] Der reinen Willkür des Nachlaßpflegers ist also bereits durch die Entstehungszeitpunkte seiner Ansprüche Einhalt geboten.

2. Der Präventionsgrundsatz

Grundsätzlich besteht die Möglichkeit eines jederzeitigen Zugriffs auf den Nachlaß durch den Nachlaßpfleger. Dieser ist aber auf Grund der Einschränkung über § 181 BGB und den Entstehungszeitpunkt der Ansprüche reduziert.[85] Eine derartige, wenn auch eingeschränkte Begründung des Erstzugriffs des Nachlaßpflegers über den Grundsatz "argumentum e contrario", also die Anwendung des Präventionsprinzips[86] (Prioritätsgrundsatz) wenigstens be-

---

83 KGJ 45, 48 (49); KGJ 53, 77 (78); Höver, DFG 1940, 9 (10); Erman-Holzhauer, § 1836 Rz 6
84 Zieglrum, S. 241; MK-Seiler, § 669 Rz 2
85 Siehe B I, II, III 1
86 Lat.: prävenire = zuvorkommen

III. Möglichkeit des Erstzugriffs - Probleme und Einschränkungen   55

züglich des Nachlaßpflegers als Nachlaßgläubiger würde zwar den Interessen des Nachlaßpflegers und u.U. den Erben bezüglich der Sicherung und Erhaltung des Nachlasses entsprechen, aber dadurch kann nicht ohne weiteres über die Mängel des Systems hinweggesehen werden. Vor allen Dingen kann das Präventionsprinzip zu einem "Wettlauf" der Gläubiger und letztlich zu einem Kampf aller gegen alle führen.[87] Entscheidend für die Befriedigung wäre somit der Zufall. Es bestünde die Gefahr, daß die übrigen Nachlaßgläubiger, die den Nachlaß nicht wie der Nachlaßpfleger in unmittelbarem Besitz haben, "den Kürzeren ziehen". Die gesamte Befriedigung ihrer Ansprüche wäre faktisch sehr eingeschränkt bzw. sogar unmöglich.

Zwar besteht dieser Präventionsgrundsatz gemäß § 804 Abs.3 ZPO auch bei der Einzelvollstreckung,[88] aber in diesem Fall unterliegen sämtliche Gläubiger den gleichen Voraussetzungen, der Beantragung der Zwangsvollstreckung. Sie besitzen dadurch alle die gleiche Chance bezüglich der Erfüllung ihrer Ansprüche. Zwischen dem Nachlaßpfleger und den übrigen Nachlaßgläubigern dagegen besteht der Unterschied des Besitzes. Dem Nachlaßpfleger ist es ein Leichtes seine Ansprüche zu befriedigen, wogegen die anderen Nachlaßgläubiger erst ihre Ansprüche gegen den Nachlaßpfleger als Vertreter des Erben geltend machen müssen. Selbst dann erfolgt aber noch nicht zwingend die Anspruchserfüllung, da der Nachlaßpfleger nur zur Sicherung und Erhaltung des Nachlasses zur Gläubigerbefriedigung berechtigt und verpflichtet.

Insofern widerspricht der Erstzugriff dem Gleichheitssatz des Art 3 Abs.1 GG,[89] der auf Grund des Urteils der BVerfG vom 9.2.1982[90] nicht nur bei der Vergabe von Überfluß, sondern auch bei der Verwaltung von Mängeln zu beachten ist.[91]

Abgesehen davon, ob das Präventionsprinzip als allgemeiner Grundsatz mangels anderweitiger besondere Reihenfolge Geltung erlangt[92] oder nur aus-

---

[87] Brox/Walker, Rz 6; Grunsky, Grundzüge der Zwangsv. § 1 II 1; Riezler, AcP 98, 372 (402); Crome, § 121, 2 S. 532

[88] Bezüglich der Verfassungsmäßigkeit des § 804 Abs. 3 ZPO siehe nur Schlosser AcP 97, 121 ff

[89] Art. 3 Abs.1 GG gilt über die Drittwirkung der Grundrechte auch im Privatrecht: v.Münch-v. Münch, Art 1-19 Vorb. Rz 28-31

[90] BVerfGE 60, 16 ff

[91] BVerfGE 60, 16 (43); vergl. auch Schlosser, AcP 97, 121 (123)

[92] So: Staud.-Schmidt, Einl. zu §§ 241 ff Rz 427; Hueck, S. 139 f; Enneccerus/Lehmann, § 1 V

drückliche Begründung Anwendung findet[93], könnte der Erstzugriff und damit die Anwendung des Prioritätsgrundsatzes - meines Erachtens - trotz mangelnder Anwendbarkeit gesetzlicher Regelungen auf folgende Anhaltspunkte gestützt werden.

a) Der Rechtsgedanke der §§ 1978, 1979 BGB

Trotz der obigen Ablehnung der entsprechenden Anwendung des § 1979 BGB auf den Nachlaßpfleger und der Unmöglichkeit der Erklärung eines Erstzugriffs des Nachlaßpflegers, kann der Präventionsgrundsatz und damit die Erstzugriffsmöglichkeit des Nachlaßpflegers über den Sinn und Zweck des § 1979 BGB mit dem Ziel eines interessengerechten Ergebnisses erfolgen. § 1979 BGB ist als Schutzvorschrift (nach eingehender Beratung in der II. Kommission[94]) gestaltet. Sie will den Erben vor unbilligen Härten, d.h. eventuellen Zweifeln bezüglich der Interessen der Gläubiger bei der Prüfung der Erforderlichkeit im Rahmen des Aufwendungsersatzanspruchs schützen. Würde eine derartige Vorschrift nicht bestehen, so wäre der Erbe, wenn er erbschaftliche Geschäfte, - insbesondere mit Nachlaßmitteln - besorgt, den Nachlaßgläubigern bei einer separatio bonorum (Trennung von Nachlaß- und Eigenvermögen) gemäß § 1978 BGB verantwortlich.[95] Der Erbe hat somit bei der Befriedigung einzelner Nachlaßgläubiger lediglich zu prüfen, ob der Nachlaß zur Befriedigung aller Nachlaßgläubiger ausreicht. Eine Reihenfolge oder eine Bevorrechtigung bestimmter Gläubiger besteht nicht. Außerdem bestimmt § 1979 BGB, daß der Erbe, wenn er Nachlaßverbindlichkeiten im Rahmen der Verwaltung des Nachlasses[96] mit Mitteln seines Eigenvermögens getilgt hat, unter Umständen einen Aufwendungsersatzanspruch nach §§ 1978 Abs.3, 670 BGB verlangen kann. Dieser Ersatzanspruch des Erben wird im Nachlaßkonkurs gemäß § 224 Abs.1 Nr 1 KO als Massekosten behandelt, genießt also eine bevorrechtigte Stellung. Auf der anderen Seite wird durch die genaue Festlegung der Voraussetzungen unter denen eine Schuldentilgung als für Rechnung des Nachlasses erfolgt anzunehmen ist, auch den Interessen der Nachlaßgläubiger Rechnung getragen.[97] Der Nachlaß, d.h. die Haftungsmasse

---

[93] Vergl. dazu: Wittkowsky, Diss S. 49:" Eine Regelung die darin besteht, daß von jeglicher Regelung abgesehen wird!" ist ein "Unding"
[94] Siehe Protokolle, V S. 765 f; Staud.-Marotzke, § 1979 Rz 2
[95] MK-Siegmann, § 1979 Rz 1; Riesenfeld, S. 71
[96] Vergleiche die Verwaltung des Konkursverwalters
[97] MK-Siegmann, § 1979 Rz 1

III. Möglichkeit des Erstzugriffs - Probleme und Einschränkungen 57

für den Gläubiger kann nur in bestimmten, eng umgrenzten Fällen zum Nachteil eines Teils der Gläubiger reduziert werden. Dieser Schutzzweck des § 1979 BGB hat Ähnlichkeit mit dem des Instituts der Nachlaßpflegschaft. Diese dient der Sicherung und Erhaltung des Nachlasses. Zwar soll dadurch primär dem zukünftigen Erben der Nachlaß erhalten werden, aber dies kommt auch - sekundär - den Nachlaßgläubigern zugute. Bei Annahme der Erbschaft durch den Erben besteht eine - in der Regel vollständige - größtmögliche Haftungsmasse. Der Nachlaßpfleger ist, wie der Erbe in § 1979 BGB, nur sehr eingeschränkt zur Befriedigung der Nachlaßgläubiger bzw. zu Ausgaben aus dem Nachlaß berechtigt. Verstößt er gegen diese Auflagen, so ist er dem Erben gegenüber zum Schadensersatz verpflichtet. Infolgedessen könnte man dem Nachlaßpfleger ein dem des Erben aus §§ 1979, 1978 BGB entsprechendes Recht einräumen, die Befriedigung der Nachlaßgläubiger - in zulässigem Rahmen - in beliebiger Reihenfolge zu betreiben. Damit wäre ihm auch der Erstzugriff auf den Nachlaß gestattet. Für diese Konsequenz spricht ebenfalls die Gleichbehandlung des Erben im Rahmen der §§ 1978, 1979 BGB und des Nachlaßpflegers. Beide werden als Verwalter fremden Gutes behandelt.[98]

Beim Vergleich der §§ 1979 ff BGB und der Nachlaßpflegschaft drängt sich aber folgender Unterschied auf: Der Nachlaßpfleger kann Nachlaßgläubiger befriedigen, wenn diese Aufgabe zur Verhütung von Kosten und Schäden *notwendig* erscheint.[99] Es ist von Fall zu Fall durch den Nachlaßpfleger zu entscheiden, ob er einen Anspruch eines Nachlaßgläubigers erfüllen darf. Im Gegensatz dazu besitzt der Erbe im Rahmen des § 1979 BGB eine strenge Prüfungspflicht. Voraussetzung für § 1979 BGB ist nicht das objektive Ausreichen des Nachlasses für die Erfüllung sämtlicher Forderungen,[100] sondern die begründete Überzeugung des Erben hiervon. Regelmäßig ist er zur Annahme der Unzulänglichkeit nur dann berechtigt, wenn er die ihm zu Gebote stehenden Mittel zur Feststellung des Aktiv- und Passivbestandes erschöpft hat. D.h., er muß in der Regel vor allem ein Inventar gemäß §§ 1993, 2009 BGB errichten und eventuell das Aufgebotsverfahren unter den Voraussetzungen des § 1980 Abs.2 S.2 BGB beantragt haben.[101] Der Nachlaßpfleger ist also sowohl nach dem Gesetz als auch nach den Ausführungen in der Rechtsprechung und in der Literatur - auf den ersten Blick - bei der Befriedigung der

---
[98] Für den Erben: Motive, V S. 626; Planck-Flad, § 1978 Anm; für den Nachlaßpfleger siehe A I
[99] BayObLGZ 1950/1951, 346 (349); Weißler, S. 130
[100] Dies reicht auch für den Nachlaßpfleger nicht.
[101] Soergel-Stein, § 1979 Rz 2; Staud.-Marotzke, § 1979 Rz 5

Nachlaßgläubiger wesentlich freier. Ist er im Augenblick der Anspruchstellung der Ansicht, die Erfüllung diene der Sicherung und Erhaltung des Nachlasses, so ist er zur Befriedigung befugt. Zwar kann der Nachlaßpfleger nicht willkürlich über den Nachlaß verfügen - es besteht die Kontrolle des Nachlaßgerichts gemäß §§ 1837, 1915 Abs.1, 1960, 1962 BGB - aber sein Freiraum ist größer als der des Erben. Die Heranziehung der §§ 1979, 1978 BGB zur Begründung einer Erstzugriffsmöglichkeit erfordert auf Grund der bei der Befriedigung durch den Nachlaßpfleger - wie bei den Erben - gegebene Notwendigkeit des Schutzes der Nachlaßgläubiger, grundsätzlich eine Übernahme des in § 1979 BGB festgelegten Prüfungsmaßstabes. Die Folge wäre aber, daß dem Nachlaßpfleger Zahlungen aus dem Nachlaß an die Nachlaßgläubiger, d.h. auch an sich selbst im Rahmen des § 181 BGB, nur gestattet sind, wenn er "den Umständen nach annehmen" darf, daß der Nachlaß zur Befriedigung *aller* Verbindlichkeiten ausreicht. Er hat vorher zu prüfen, welche Nachlaßverbindlichkeiten vorhanden sind, bzw. welche noch entstehen können und welche Aktiva zum Nachlaß gehören. Hierzu wird es in der Regel einer intensiven Durcharbeitung der Unterlagen des Erblassers, Rückfragen an die Vertragspartner bzw. die Angehörigen und eventuell kostspieliger Vorarbeiten bedürfen.[102] Diese "Übernahmeforderung" führt dazu, daß der Nachlaßpfleger praktisch erst am Ende seines Amtes die Erstattung seiner Aufwendungen und seine Vergütung erhält. Obwohl bei der Frage der Vergütung diese Gefahr in der Praxis meist auf Grund der, oft am Ende der Nachlaßpflegschaft erfolgten Festsetzung und Bewilligung der Vergütung[103] obsolet ist, würde insbesondere der Aufwendungsersatz bzw. das Recht des Nachlaßpflegers auf Vorschuß gemäß §§ 1835, 1915 Abs.1, 1962, 1960 BGB quasi leerlaufen. Der Sinn und Zweck des Aufwendungsersatzes liegt gerade darin, daß der Nachlaßpfleger nicht verpflichtet ist sein Amt längere Zeit auf eigene Kosten zu führen. Ihn trifft keine Auslagenpflicht. Außerdem sind in der Regel Aufwendungen des Nachlaßpflegers für die Aufstellung einer "Bilanz" des Vermögens des Erblassers notwendig. Diese würde der Nachlaßpfleger nur mit minimalem Aufwand und unter Umständen in nachlässiger Weise ausführen, da er in nächster Zeit nicht mit einem Aufwendungsersatz rechnen kann. Auch in den Fällen, in denen die Vergütung für die Erledigung einzelner Angelegenheiten während der Ausübung des Amtes festgesetzt wird,[104] erfolgt eine ungewollte Einschränkung.

---

102 Vergl. BGH NJW 1985, 140
103 Höver, DFG 1940, 9 (10); Schmidt, Geschäftsf. S. 49; vergl. auch KGJ 45, 48 (48/49)
104 Höver, DFG 1940, 9 (10); Schmidt, Geschäftsf. S. 49; vergl. auch KGJ 45, 48 (48/49)

III. Möglichkeit des Erstzugriffs - Probleme und Einschränkungen   59

Infolgedessen ist die Prüfungspflicht im Interesse des Nachlaßpflegers und darüber hinaus auch im Sinne der zukünftigen Erben und der Nachlaßgläubiger weit auszulegen. Dem Pfleger kann nicht eine dem Erben entsprechende enge Pflicht auferlegt werden. Er hat vielmehr lediglich eine Überprüfung dahingehend vorzunehmen, ob die Befriedigung dem Sinn und Zweck der Nachlaßpflegschaft entspricht.[105]

Somit kann also aus dem Rechtsgedanken der §§ 1979, 1978 BGB eine Möglichkeit des Nachlaßpflegers entwickelt werden, sich als Erster bzw. *jederzeit* aus dem Nachlaß zu befriedigen.

b) Anwendung der §§ 273, 387 BGB

Die Möglichkeit des Erstzugriffs des Nachlaßpflegers auf das Nachlaßvermögen zur Befriedigung seiner Ansprüche könnte außerdem durch die Anwendung und den Rechtsgedanken der Aufrechnung gemäß § 387 BGB und des Zurückbehaltungsrecht gemäß § 273 Abs.1 BGB unterstützt werden.

aa) Besteht ein derartiges Recht, so ist der Nachlaßpfleger *gegenüber dem Erben* berechtigt, wenigstens einen Teil des Nachlasses in Besitz zu behalten. Dies hätte zur Folge, daß, obwohl das Zurückbehaltungsrecht nur ein persönliches Recht ist und nur schuldrechtliche Wirkungen gegenüber dem Gläubiger entfaltet,[106] zur Befriedigung der übrigen Nachlaßgläubiger dem Erben nicht der gesamte Nachlaß zur Verfügung steht. Die Nachlaßgläubiger könnten nur aus dem "Rest" befriedigt werden, mit der Folge, daß sie u.U. - wenn auch nur teilweise - auf ihre Forderung "verzichten" müßten, der Nachlaßpfleger aber einen vollen Ersatz erhält. Diese Rechtsfolge setzt aber zunächst das Bestehen eines derartigen Rechts des Nachlaßpflegers gegenüber den Erben voraus, das dann, wenn auch nicht direkt, so doch mittelbar auf die Nachlaßgläubiger wirkt. Auf Grund der inter partes - Wirkung der Aufrechnung und des Zurückbehaltungsrechts kann aus diesen Rechten aber *keine* Vorwegbefriedigungsmöglichkeit des Nachlaßpflegers während seiner Amtsführung gefolgert werden.

bb) Der Nachlaßpfleger hat auf der einen Seite die Ansprüche auf Aufwendungsersatz gemäß § 1835 BGB und die Vergütung gemäß § 1836 BGB (nach

---
[105] Ist dies nicht der Fall, liegt bei der Selbstbefriedigung ein mißbräuchliches Verhalten vor.
[106] Soergel-Wolf, § 273 Rz 64; vergl. auch: Larenz, Allg. Teil § 13 III; Jahr, JuS 1964, 218 (224)

Festsetzung durch das Nachlaßgericht) gegen die Erben. Auf der anderen Seite obliegt ihm die Pflicht, bei Beendigung seines Amtes gemäß §§ 1890, 1915 Abs.1, 1960, 1962 BGB den Erben den Nachlaß, d.h. das gesamte von ihm sichergestellte und in der Regel verwaltete Vermögen, herauszugeben. *Nach der Aufhebung der Pflegschaft* bestehen also zwei Ansprüche auf Grund der Sicherungsmaßnahme durch das Nachlaßgericht, die beide auf den Nachlaß gerichtet sind.

(1) Für den Pfleger könnte zur "schnellen" Erfüllung seiner Ansprüche die Möglichkeit einer *Aufrechnung* gemäß § 387 BGB in Betracht kommen, da er das Vermögen, das er den Erben zur Herausgabe verpflichtet ist, in Besitz hat. Eine derartige Aufrechnung setzt neben der Gegenseitigkeit der Ansprüche, der Fälligkeit und Durchsetzbarkeit der Gegenforderung eine Gleichartigkeit beider Forderungen voraus. Das bedeutet, daß die Haupt- und Gegenforderung gegenständlich vergleichbare Ansprüche zum Inhalt haben müssen. Da sich der Aufwendungsersatz- und der Vergütungsanspruch in der Regel auf eine Geldleistung beziehen,[107] kommt eine Aufrechnung nur in den Fällen gegenüber einem Herausgabeanspruch in Betracht, in denen dieser in einer Geldsumme besteht. Es muß eine Zahlungsverpflichtung des Aufrechnenden gegeben sein.[108] Ein solcher auf die Herausgabe von Geld gerichteter Anspruch gegenüber dem Nachlaßpfleger liegt aber nur in den seltensten Fällen vor. In der Regel sind in dem Nachlaß - neben geringeren Mengen Bargeld - Gegenstände vorhanden, die im Eigentum des Erblassers gestanden haben.

Insofern ist in den meisten Fällen eine Aufrechnung gemäß § 387 BGB nicht möglich. Sie stellt für die Möglichkeit des Nachlaßpflegers auf Erstzugriff keine auf sämtliche Fälle anwendbare Regelungsmöglichkeit dar.

(2) Als weiteres Sicherungsrecht und Druckmittel[109] könnte dem Nachlaßpfleger gegenüber dem Erben ein *Zurückbehaltungsrecht* gemäß § 273 BGB zustehen. Dieses auch im Erbrecht anwendbare Recht[110] setzt bei Fälligkeit des Gegenanspruchs eine Gegenseitigkeit und Konnexität der Ansprüche voraus. Bezüglich beider Ansprüche, d.h. des Aufwendungsersatz- und des Vergütungsanspruchs des Nachlaßpflegers gegen die Erben und deren Herausgabeanspruch, der gemäß §§ 1890, 271, 1915 Abs.1, 1960, 1962 BGB bei der

---

107 Siehe B II
108 OLG Celle OLGZ 70, 5 (8); BGH NJW 78, 1807 (1808); Palandt-Thomas, § 667 Anm 4 d; Staud.-Wittmann, § 667 Rz 20
109 BGH LM § 794 Abs.1 Nr 5 ZPO Nr 3; Staud.-Selb, § 273 Rz 3; Keller, JuS 1982, 665
110 RG Gruchot 68, 66 (68); Dütz, NJW 1967, 1105

III. Möglichkeit des Erstzugriffs - Probleme und Einschränkungen

Beendigung der Nachlaßpflegschaft bzw. des Amtes der Nachlaßpflegers fällig wird,[111] besteht auf Grund der Identität der Parteien eine Gegenseitigkeit. Die den Anwendungsbereich des § 273 BGB begrenzende Konnexität[112] ist, da sowohl der Anspruch des Nachlaßpflegers als auch der der Erben auf Herausgabe auf Grund der vom Nachlaßgericht angeordneten Nachlaßpflegschaft entstanden sind, durch die "Begründung aus demselben rechtlichen Verhältnis" ebenfalls zu bejahen. Ein Ausschluß des Zurückbehaltungsrechts könnte sich aber "aus dem Schuldverhältnis" in Verbindung mit der Vergleichbarkeit zwischen Nachlaßpfleger und Testamentsvollstrecker ergeben. Für den entlassenen Testamentsvollstrecker wird eine Einschränkung in Bezug auf die Rechnungslegung und teilweise auch auf den Herausgabeanspruch angenommen.[113] Dieser Verneinung des Zurückbehaltungsrechts an Bestandteilen der Buchhaltung bzw. an der gesamten Durchführung der Rechnungslegung ist bereits durch die Vorleistungspflicht des Testamentsvollstreckers[114] zuzustimmen. Daneben ist der Schuldner, d.h. in diesem Fall der Erbe, auf die Unterlagen dringend angewiesen. Er benötigt sie selbst zur ordnungsgemäßen Buchhaltung.[115]

Für die Versagung des Zurückbehaltungsrechts gegenüber dem Herausgabeanspruch wird von der Literatur keine gesonderte Begründung geliefert. Sie erfolgt nur für den Vorleistungsanspruch auf Rechenschaftslegung und wird unverändert auf den Herausgabeanspruch übertragen.[116] Gegen eine solche Gleichbehandlung beider Ansprüche spricht aber, daß z.B. für den Herausgabeanspruch sowohl des Testamentsvollstreckers als auch des Nachlaßpflegers keine Vorleistungspflicht besteht.[117] Der Herausgabeanspruch dient anders als der Anspruch auf Rechnungslegung der Feststellung bzw. Festlegung von Aufwendungsersatz- und Vergütungsansprüchen. Er beinhaltet lediglich die Übertragung des unmittelbaren Besitzes, der tatsächlichen Sachherrschaft auf

---

111 B III 1
112 Die Konnexität ist ist nicht nur bei Vorliegen eines schuldrechtlichen Verhältnisses gegeben. (Protokolle, I S.310 f) In der Rechtsprechung (BGH LM § 273 BGB Nr 16 Bl.2) und in der Literatur (MK-Keller, § 273 Rz 8; Erman-Sirp, § 273 Rz 11) wird vielmehr darauf abgestellt, ob die beiderseitigen Ansprüche in einem derart engen natürlichen und wirtschaftlichen Zusammenhang stehen, daß es treuwidrig wäre, wenn der Anspruch einseitig verfolgt würde. (so: Staud.-Selb, § 273 Rz 13)
113 So: OLG Düsseldorf JW 25, 2147 (2148); Staud.-Selb, § 273 Rz 27
114 MK-Brandner, § 2218 Rz 10
115 So: OLG Düsseldorf NJW 77, 1201; LG Köln NJW 88, 1675; vergl. auch BGH NJW 1988, 2607
116 Siehe OLG Düsseldorf JW 25, 2147 (2148)
117 Bzgl. des Testamentsvollstreckers: OLG Königsberg, Seuff Arch 75 Nr 227 S. 387 (388)

die Erben.[118] Dadurch hat der Herausgabeanspruch auch im Verhältnis zum Aufwendungsersatz- und Vergütungsanspruch keine so große Bedeutung, daß er durch ein Zurückbehaltungsrecht weder zeitlich noch gar dauernd gelähmt werden dürfte. Auf der anderen Seite wird jedoch ein Zurückbehaltungsrecht des Erbschaftsbesitzers gemäß § 2018 BGB bezüglich des Herausgabeanspruchs gegenüber dem Erben wegen seines Pflichtteilsanspruchs gemäß § 2303 Abs.1 S.1 BGB abgelehnt. Dieser Anspruch des Erben dient zur Feststellung der Höhe des lediglich sich auf den Nachlaßwert beziehenden Pflichtteilsanspruch. Der Erbe ist - wie auch bei der Rechnungslegung- insofern auf die gesamten Nachlaßgegenstände angewiesen.[119] Es liegen infolgedessen keine Anhaltspunkte vor, ein Zurückbehaltungsrecht des Nachlaßpflegers bezüglich der Nachlaßgegenstände zugunsten seines Aufwendungsersatz- und Vergütungsanspruchs abzulehnen.[120] Der Nachlaßpfleger hat bei Fälligkeit seiner Herausgabepflicht gemäß §§ 1890 S.1, 271, 1915 Abs.1, 1960, 1962 BGB, d.h. *bei Beendigung seines Amtes*, bezüglich seines Aufwendungsersatz- und Vergütungsanspruchs gegenüber dem Erben das Recht seine Leistung nach § 273 Abs.1 BGB zu verweigern.[121] Er ist jedoch nicht berechtigt die von ihm zurückgehaltenen Gegenstände zu verwerten und damit seinen Anspruch direkt durchzusetzen.[122]

Durch diese Einbehaltung besteht für den Nachlaßpfleger die Möglichkeit, daß er dasjenige behält, das er als Gläubiger entsprechend § 364 Abs.1 BGB zur Erfüllung seiner Ansprüche annimmt. Der Erbe wird oftmals dem Nachlaßpfleger die zurückbehaltenen Gegenstände überlassen, da er diese verkaufen müßte, um die Nachlaßgläubiger, u.a. den Pfleger in Geld zu befriedigen. Das Zurückbehaltungsrecht erhält in diesen Fällen die Rechtsfolge der Aufrechnung im Sinne von §§ 387, 389 BGB. Dieses Zurückbehaltungsrecht hat somit zur Konsequenz, daß der Nachlaßpfleger dem Erben nur einen um seine Ansprüche reduzierten Nachlaß herausgeben muß. Der Erbe kann nur aus diesem "Nachlaßteil" die übrigen Gläubiger befriedigen.

---

118 Zieglftrum S. 220
119 OLG Hamm, MDR 1964, 151; KG MDR 1974, 317 (318); RGRK-Kregel, § 2022 Rz 7; MK-Keller, § 273 Rz 8
120 So im Ergebnis: Zieglftrum S. 222; MK-Schwab, § 1890 Rz 4; Dölle, § 137 I 1; § 129 I 4; Staud.-Engler 11. Aufl., § 1835 Rz 16; Schlegelberger, S. 157
121 Diese Geltendmachung kann sowohl ausdrücklich als auch konkludent erfolgen. MK-Keller, § 273 Rz 71
122 BGH LM § 794 I Nr 5 ZPO Nr 3; Staud.-Selb § 273 Rz 3

Trotz der inter partes-Wirkung des Zurückbehaltungsrechts hat eine derartige Verringerung des Nachlasses sekundär auch eine Benachteiligung der Nachlaßgläubiger zur Folge. Sie sind insbesondere bei unzureichendem Nachlaßwert und beschränkter Erbenhaftung, auf den Restnachlaß verwiesen. Ist der Erbe auf der anderen Seite nicht bereit, dem Nachlaßpfleger die zurückbehaltenen Gegenstände zu überlassen,[123] hat der Pfleger nach der Geltendmachung der verzögerlichen Einrede des § 273 Abs.1 BGB das Recht seine Leistung nur Zug um Zug gegen die Erfüllung der Ansprüche aus §§ 1835, 1836, 1915 Abs.1, 1960, 1962 BGB zu erfüllen (§ 274 Abs.1 BGB). Durch dieses Druckmittel des Nachlaßpflegers ist der Erbe gegenüber den anderen Nachlaßgläubigern in der Situation, daß er augenblicklich - bevor er die Ansprüche des Nachlaßpflegers befriedigt hat - nicht über den gesamten Nachlaß verfügen kann. Der Nachlaßpfleger darf nach Treu und Glauben nicht den gesamten Nachlaß zurückhalten, sondern nur den Teil, der zur Deckung seiner Forderungen erforderlich ist.[124]

Der Nachlaßpfleger hat somit *bei Beendigung seines Amtes* sowohl ein Recht gegenüber dem Erben als auch mittelbar gegenüber den übrigen Nachlaßgläubigern eine "Möglichkeit" auf vorzugsweise Befriedigung. Für diese weitreichende Folge des Zurückbehaltungsrechts bezüglich Dritter spricht auch dessen Behandlung im Falle des Konkurses: Grundsätzlich ist das Zurückbehaltungsrecht gemäß § 273 Abs.1 BGB im Konkurs nicht zu berücksichtigen, da es sich um ein persönliches Recht handelt und nicht gegen Dritte wirkt.[125] Eine Ausnahme besteht nur gemäß § 49 Abs.1 Nr 3 KO in den Fällen, in denen Verwendungen auf eine bestimmte Sache getätigt worden sind. Der Nachlaßpfleger verlangt aber von den Erben einen Aufwendungsersatz gemäß §§ 670, 1835, 1915 Abs.1, 1960, 1962 BGB. Dieser umfaßt von der Terminologie her die Aufwendungen im engeren Sinne, d.h. diejenigen, die nicht auf eine Sache sondern "zu einem bestimmten Zweck" gemacht werden.[126] Dies hat zur Konsequenz, daß § 49 Abs.1 KO in diesem Fall keine Anwendung findet und das Zurückbehaltungsrecht im Rahmen des Konkurses unberücksichtigt bliebe. Allerdings wird von einem Großteil der konkursrechtlichen Literatur der Aufwendungsersatzanspruch des § 670 BGB als gesetzlicher Anwendungsfall des

---

[123] Dies ist wahrscheinlich die Regel, da der Erbe bestrebt sein wird die Nachlaßgegen-stände (Familienerbstücke) zu erhalten.
[124] BGH WM 1968, 278 (279); RGRK-Alff, § 273 Rz 12; Soergel-Wolf, § 273 Rz 50 einschränkend: Staud.-Selb, § 273 Rz 45
[125] RGZ 68, 277 (282); RGZ 77, 436 (438); Kuhn/Uhlenbruck, § 49 Rz 24; Petersen/Kleinfeller, § 49 Anm 34
[126] Müller, JZ 1968, 769; Staud.-Wittmann, § 670 Rz 5; MK-Keller, § 256 Rz 2

§ 49 Abs.1 Nr 3 KO angesehen.[127] Dieser Widerspruch läßt sich jedoch dahingehend auflösen, als zwar vom Gesetz her keine Definition des Begriffs "Aufwendungen" besteht, aber die Rechtsprechung und Literatur die Bezeichnung Aufwendungen als Oberbegriff für "Aufwendungen" im engeren Sinne und Verwendungen gebraucht.[128] Der Begriff "Verwendungen" (vergleiche §§ 292 Abs.2, 450, 547, 850, 994 f, 1049 BGB usw.) umschreibt solche Tätigkeiten, die zur Wiederherstellung, Erhaltung oder Verbesserung der *Sache* dienen, Aufwendungen sind dagegen auf die Erfüllung eines bestimmten Zweckes gerichtet.[129]

Bei den Aufwendungen des Beauftragten im Sinne von § 670 BGB bzw. des Vormundes, Nachlaßpflegers etc. über § 1835 BGB, liegt bei pflichtgemäßer Ausübung des Amtes[130] der Tätigkeit grundsätzlich sowohl ein bestimmter Zweck als auch eine Sachbezogenheit zugrunde. In vielen Fällen kommen die freiwilligen Vermögensopfer eines Beauftragten im weitesten Sinne einer bestimmten Sache zugute. Insbesondere der Nachlaßpfleger ist in der Regel zur Sicherung und Erhaltung der gesamten Nachlaßgegenstände bestellt. Eine genaue Differenzierung zwischen den "sachbezogenen" und den auf einen bestimmten Zweck gerichteten Handlungen ist hier nicht möglich. Jede zur Erhaltung einer Sache getätigte Aufwendung erfolgt auch zum Zwecke der Sicherung des Nachlasses. Infolgedessen würde es dem Sinn und Zweck der Vorschriften widersprechen, wenn man von der Ersatzpflicht des Auftraggebers bzw. der Erben solche Handlungen ausnehmen würde, die nur *auf* eine ganz bestimmte Sache getätigt wurden. Diese "Gleichsetzung" von Verwendungen und Aufwendungen im Rahmen der Vormundschaft und der Pflegschaft entspricht auch der Regelungen in §§ 2022, 2125, 2381 BGB. Diese unzweifelhaft als Verwendungsersatzvorschriften qualifizierten und insofern unter die Regelung des § 49 Abs.1 Nr 3 KO fallenden Normen umfassen sämtliche freiwilligen Vermögensopfer, die einer bestimmten Vermögensmasse - dem Nachlaß - zugute kommen sollen.[131] Diese Lösung des "Widerspruchs" mit der Anwendung der §§ 670, 1835 BGB im Konkurs darf aber nicht zu einer Umkehr des Verhältnisses von Aufwendungen als Oberbegriff und den Verwendungen

---

[127] Kilger, § 49 Anm 6; Kuhn/Uhlenbruck, § 49 Rz 25; Jaeger-Lent § 49 Anm 41. A.A. Th.Wolff, LZ 1908, 36 (43,44)
[128] Vergl.dazu nur MK-Keller, § 256 Rz 2
[129] Vergl.:dazu nur Staud.-Selb, § 256 Rz 3
[130] Nicht, wenn nur eine Selbstbefriedigung bezweckt wird, also ein mißbräuchliches Verhalten vorliegt.
[131] Staud.-Gursky, § 2022 Rz 3; Staud.-Gursky, Vorbem. zu §§ 994-1003 Rz 2; MK-Jülicher, § 2022 Rz 3; Brox, Rz 559; v. Lübtow, S. 1061

führen. Insbesondere im Rahmen des konkursrechtlichen Absonderungsrechts im Sinne von § 49 Abs.1 Nr 3 KO können nicht sämtliche Aufwendungen in Verbindung mit § 273 Abs.1 BGB ein konkursrechtlich relevantes Zurückbehaltungsrecht begründen. Der Verweis der Literatur auf § 670 BGB muß zur Vermeidung der zu weiten Ausdehnung auf die im Rahmen des § 670 BGB getätigten "Verwendungen" beschränkt bleiben. Daraus folgt, daß bezüglich des Verwendungsersatzanspruchs der Nachlaßpfleger ein Zurückbehaltungsrecht besitzt, das im Konkurs zur Absonderung berechtigt. Dieses Absonderungsrecht gemäß §§ 49 Abs.1 Nr 3 KO, 670, 1835, 1915 Abs.1, 1960, 1962 BGB gibt dem Nachlaßpfleger zwar, im Gegensatz z.B. zum Verwendungsersatzanspruch gemäß §§ 1000, 1003 BGB, kein Selbstverwertungsrecht, aber er hat nach § 127 Abs.1 BGB[132] das Recht auf vorzugsweise Befriedigung aus dem Erlöß. D.h. er muß die Gegenstände herausgeben, aber nach der Verwertung der Sachen durch den Konkursverwalter hat der Nachlaßpfleger vor allen anderen Nachlaßgläubigern ein Recht auf Befriedigung. Infolgedessen hat das grundsätzlich nur inter partes wirkende Zurückbehaltungsrecht gemäß § 273 Abs.1 BGB auch Auswirkungen auf die Nachlaßgläubiger. Sie werden, wenn auch nicht unmittelbar als Schuldner oder Gläubiger dieses Anspruchs, so aber mittelbar durch die Zurückbehaltung von den Gegenständen durch den Nachlaßpfleger - zur Erfüllung seiner Ansprüche - tangiert.

c) Ungleichbehandlung zwischen Sicherungs- und Prozeßnachlaßpfleger

Diese postulierte Möglichkeit des Erstzugriffs des Nachlaßpflegers in das Nachlaßvermögen und das Zurückbehaltungsrecht des Nachlaßpflegers bezüglich des Nachlaßvermögens mit dem - auch die übrigen Nachlaßgläubiger tangierenden - "Sicherungsrecht" könnte aber zu einer Ungleichbehandlung der verschiedenen Nachlaßpfleger, insbesondere der Sicherungs- und Prozeßpfleger, führen. Der Prozeßpfleger gemäß § 1961 BGB ist nicht primär zur Inbesitznahme des Nachlaßvermögens bestellt worden, sondern auf Antrag der Nachlaßgläubiger nach dem Wortlaut des § 1961 BGB zum Zwecke der gerichtlichen Geltendmachung eines Anspruchs.[133] Aber auch im Rahmen der Sicherungspflegschaft erfolgt eine Anordnung einer Pflegschaft ausschließlich

---

[132] Kein Recht auf Selbstverwertung nach der heutigen Regelvorschrift des § 127 Abs.2 KO. Vergl.: OLG Schleswig KTS 1967, 244 (245); Kuhn/Uhlenbruck, § 127 Rz 1; siehe auch Werner KTS 1969, 215 ff. Dieses Recht ist nur bei dem Zurückbehaltungsrecht wegen Verwendungen gemäß §§ 1003, 2022 BGB gegeben. Vergl.: Kuhn/Uhlenbruck, § 127 Rz 13 a; Böhle-Stamschräder/Kilger § 127 Anm 5 a

[133] Zur Stellung des Prozeßnachlaßpflegers: Ziegltrum, S. 92 f m.w.N.

zur Ermittlung der unbekannten Erben und ohne Bedürfnis der Vermögensverwaltung.[134] Diese Nachlaßpfleger sind darauf verwiesen, ihre Aufwendungsersatz- und Vergütungsansprüche u.U. klageweise geltend zu machen. Sie haben kein Vermögen in Besitz, aus dem sie sich befriedigen könnten. Derartige Konstellationen sind aber auch dem "normalen" Nachlaßpfleger nicht fremd. So wird er auch trotz der völligen Verschuldung des Nachlasses bestellt, bzw. stellt er selbst eine Überschuldung fest. In diesem Fall besitzt der Nachlaßpfleger zwar das "Recht" auf Erstzugriff, aber im von ihm beantragten Nachlaßkonkurs[135] steht ihm kein besonderes Vorzugsrecht zu. Obwohl der verwaltende Nachlaßpfleger ein Zurückbehaltungsrecht im Sinne von § 273 BGB, oft auch wegen Verwendungen auf einen Nachlaßgegenstand und somit gemäß § 49 Abs.1 Nr 3 KO ein Absonderungsrecht, besitzt, sind im Nachlaßkonkurs die Aufwendungsersatz- und die Vergütungsansprüche nur Masseschulden gemäß § 224 Abs.1 Nr 6 bzw. Nr 4 KO.[136] Es besteht für den Nachlaßpfleger keine Garantie der Entnahmemöglichkeit. Eine Gleichbehandlung ist infolgedessen nicht möglich und nicht notwendig.

d) Schutz der Nachlaßgläubiger durch Aufsicht des Nachlaßgerichts

Die Möglichkeit des jederzeitigen Zugriffs des Nachlaßpflegers auf das von ihm verwaltete Nachlaßvermögen führt neben der Sicherung und Erhaltung des Nachlasses zu einer Benachteiligung der übrigen Nachlaßgläubiger und eventuell der zukünftigen Erben. Außerdem besteht die Gefahr, daß der Nachlaßpfleger seine Amtsstellung mißbraucht. Er handelt nicht zur Sicherung und Erhaltung des Nachlasses, sondern nur in seinem Interesse, indem er Tätigkeiten ausführt, die für seine Ansprüche gegen die Erben vorteilhaft sind. So liegt durch das "Selbstentnahmerecht" des Nachlaßpflegers und dem unmittelbaren Besitz der Nachlaßgegenstände nahe, daß der Pfleger nur Geld bzw. Gegenstände entnimmt ohne "weitere" Amtshandlungen vorzunehmen. Zwar ist er zur Entnahme von Gegenständen grundsätzlich rechtlich nicht berechtigt,[137] aber durch seinen unmittelbaren Besitz wird diese tatsächliche Handlung ermöglicht. Diese Benachteiligung der Nachlaßgläubiger und der zukünftigen Erben und die Gefahr des Mißbrauchs des Amtes muß aber hinter dem Schutz

---

[134] Einschränkung der Aufgaben des Nachlaßpfleger: BayObLGZ 60, 93 (96); Möhring, S. 146; Reichel, S. 51; v. Lübtow, S. 756
[135] Siehe B II, Fn 29
[136] Siehe B II 2 d
[137] Siehe B I 2 b

des Vermögens des Erblassers und der schnellen Erbenermittlung zurücktreten. Jedoch stehen die übrigen Nachlaßgläubiger und eventuell die zukünftigen Erben dem Nachlaßpfleger nicht machtlos gegenüber. Seine Handlungen sind der Kontrolle des Nachlaßgerichts gemäß §§ 1837, 1843, 1915 Abs.1, 1962, 1960 BGB unterworfen. Das Nachlaßgericht muß zwar die Selbständigkeit des Nachlaßpflegers beachten, aber diese Aufsicht ist das notwendige Korrektiv der freien Stellung des Nachlaßpflegers. So hat er neben seiner Rechnungslegung und der Aufstellung eines Nachlaßverzeichnisses, die Pflicht den Nachlaßgläubigern Auskunft über den Bestand des Nachlasses zu erteilen.[138] Die Aufsicht des Nachlaßgerichtes umfaßt die Rechtmäßigkeits- nicht dagegen die Zweckmäßigkeitsprüfung - mit Ausnahme der genehmigungspflichtigen Geschäfte gemäß §§ 1806 ff BGB -,[139] d.h. auch wenn das Nachlaßgericht dem Nachlaßpfleger Hinweise durch abstrakte Richtlinien oder konkrete Empfehlungen erteilt, steht es im Ermessen des Nachlaßpflegers diese Maßmahmen zu ergreifen. Erst wenn die Nichtbefolgung zugleich eine Pflichtverletzung darstellt, darf das Nachlaßgericht durch Ge- und Verbote einschreiten[140] und gemäß § 1837 BGB Ordnungsstrafen verhängen.[141] Zwar stellt die Frage, ob eine Entnahme eines Geldbetrages durch den Nachlaßpfleger notwendig ist, keine Rechtmäßigkeitserwägung dar, aber in diesem Fall muß der Schutz der übrigen Gläubiger und des zukünftigen Erben Vorrang erhalten. Es hat eine weitergehende Überprüfung der Handlungen des Nachlaßpflegers dahingehend zu erfolgen, daß das Nachlaßgericht sowohl den Erstzugriff als solchen, als auch die Art und Weise dessen kontrollieren kann bzw. muß. Das Gericht stellt fest, ob die Handlungen des Nachlaßpflegers dem Sinn und Zweck der Nachlaßpflegschaft entsprechen.[142]

Ergebnis

Die Möglichkeit des jederzeitigen Zugriffs des Nachlaßpflegers in den von ihm zu verwaltenden Nachlaß zwecks Befriedigung seiner Aufwendungsersatz- und/oder Vergütungsansprüche läßt sich aus dem Rechtsgedanken der §§ 1978, 1979 BGB entnehmen. Außerdem besitzt der Nachlaßpfleger gegenüber dem Erben bei Beendigung seines Amtes ein Zurückbehaltungsrecht ge-

---

138 Schlüter, § 32 II 1 d cc; Jauernig-Stürner, Anm zu §§ 1993-2013, Anm 3
139 Ziegltrum, S. 115; Brand/Kleef, S. 476
140 Ziegltrum, S. 116; Palandt-Diederichsen § 1837 Anm 2 b
141 Vergleiche A II 3 b bb
142 Vergl. Allg. Verfügung des preuss. Justizministeriums, PrJMBl 28, 428 (428/429)

mäß § 273 Abs.1 BGB bezüglich der herauszugebenden Nachlaßgegenstände. Durch dieses "Sicherungsrecht" erhält er gegenüber den übrigen Nachlaßgläubigern eine bevorrechtigte Stellung bei der Befriedigung seiner Ansprüche auf Aufwendungsersatz und die vom Nachlaßgericht festgesetzte Vergütung.

Die dadurch primär dem Interesse des Nachlaßpflegers gerecht werdende Lösung erhält zum Schutze der Nachlaßgläubiger und der Erben eine Einschränkung durch die Fälligkeit und Entstehung der Ansprüche. Der Vergütungsanspruch wird durch das Nachlaßgericht in der Regel bei Beendigung der Nachlaßpflegschaft festgesetzt und kann erst dann vom Nachlaßpfleger gegen die Erben - den Nachlaß - geltend gemacht werden. Obwohl der Aufwendungsersatzanspruch und insbesondere das Recht auf Vorschuß an eine derartige gerichtliche Entscheidung nicht gebunden sind, kann der Nachlaßpfleger sie erst nach der Vornahme einer einen "Vermögensvorteil" bezweckenden Handlung bzw. einer entsprechenden Prognose durch Entnahme erfüllen. Zur Überprüfung dieser Tätigkeiten sind zur Sicherung der Nachlaßgläubiger und der Erben sind das Nachlaßgericht und die Erben gemäß §§ 1837, 1843, 1915 Abs.1, 1960, 1962 BGB berufen.

3. Einschränkungen durch gesetzlich vorrangige Rechte - Pfandrechte

Auf Grund der obigen Ausführungen besteht für den Nachlaßpfleger die Möglichkeit, sich als Erster vor allen anderen Nachlaßgläubigern aus dem von ihm zu verwaltenden Nachlaß bezüglich seiner Aufwendungsersatz- und Vergütungsansprüche zu befriedigen. Dieses "Recht" auf Erstzugriff, das im Verhältnis zu den "vergleichbaren" Forderungen der anderen Nachlaßgläubigern grundsätzlich gerechtfertigt ist,[143] könnte aber, wie auch die allgemeine Sicherung und Verwaltung des Nachlasses, gegenüber den Gläubigern, deren Ansprüche durch ein besonderes Recht (Pfandrecht) gesichert sind, zu einem besonderen Nachteil führen. Der dinglich gesicherte Gläubiger erhält durch das Pfandrecht eine rechtliche Herrschaft an der Sache - sowohl Grundstücke (Hypothek, Grund- und Rentenschulden) als auch Mobilien (§§ 1204 ff BGB) - selbst und Ansprüche gegen jedermann auf Unterlassung einer Sachverschlechterung, durch die Herrschaft an der Sache beeinträchtigt würde.[144]

---

[143] Siehe B II
[144] Wolff/Raiser, § 131 I; Baur, § 3 II 2 b

a) Vererblichkeit dinglicher Rechte

Diese dingliche Wirkung wird durch den Vorzug des Nachlaßpflegers auf das Nachlaßvermögen stark eingeschränkt, wenn die Sicherungsrechte wegen des Todes des Schuldners und Verpfänders unverändert bestehen bleiben. Die Vererblichkeit dinglicher Rechte und der an ihnen bestehenden Belastungen sind auf Grund der Bindung an die Sache grundsätzlich gegeben. Sie gehen uneingeschränkt auf die Erben über. Nur in den Fällen, in denen das Recht für eine bestimmte Person an einer Sache bestellt ist, besteht eine Ausnahme, so z.B. beim Nießbrauchsrecht (§§ 1036 ff insbes. §§ 1061, 1068 Abs.2 BGB), einer beschränkt persönlichen Dienstbarkeit (§§ 1090 ff, insbes. § 1090 Abs.2 i.V.m. § 1061 BGB) und dem dinglichen Vorkaufsrecht, wenn nicht bezüglich dessen etwas anderes vereinbart wurde.

b) Das Vermieterpfandrecht gemäß § 559 S.3 BGB

Neben diesen gesetzlich geregelten Ausnahmen der Vererblichkeit ergibt sich bei den besitzlosen Pfandrechten, insbesondere bei dem, in diesem Zusammenhang der Rangfolge beim Tode des Erblassers häufig auftretenden, Vermieterpfandrecht, die Besonderheit, daß es sich auf die im *Eigentum des Mieters stehenden pfändbaren Sachen* erstreckt. Durch den Tod des Mieters ändern sich aber die Eigentumsverhältnisse an den in der Mietwohnung befindlichen Sachen. Damit stellt sich für die Frage der Unpfändbarkeit in Sinne der §§ 559 S.3 BGB, 811 ZPO das Problem der Bezugsperson neu.[145]

aa) Hinsichtlich der beim Erbfall eintretenden Eigentumsänderung und ihre Auswirkungen auf das Vermieterpfandrecht ist der Entstehungszeitpunkt dieses Pfandrechtes ausschlaggebend.

(1) Das Pfandrecht des Vermieters gemäß § 559 BGB entsteht *an* den eingebrachten Sachen des Mieters.[146] Nur diese, sich nach willentlichem Hineinschaffen in den durch das Mietverhältnis vermittelten Machtbereich des Vermieters[147] befindlichen, Sachen können dem Pfandrecht unterliegen. Die Fra-

---

[145] Entsprechendes gilt für das Pfandrecht des Gastwirtes § 704 BGB und das Werkunternehmerpfandrecht § 647 BGB, dieses jedoch ohne Verweis auf § 559 S 3 BGB, d.h. der Pfändbarkeit.
[146] So die h.M.: Sternel, III 260; MK-Voelskow, § 559 Rz 13; RGRK-Gelhaar, § 559 Rz 8; Staud.-Emmerich, § 559 Rz 16. A.A.: Scherer, § 559 Anm 2 d
[147] RGZ 132, 116 (118); Emmerich/Sonnenschein, § 559 Rz 3; Mittelstein, S. 534 ff: Roquette, § 559 Rz 29 ff; Staud.-Emmerich, § 559 Rz 9; Weber/Rauscher, NJW 1988, 1571

ge jedoch, ob ein Gegenstand der Pfändung des Vermieters unterworfen ist, wird lediglich durch die Möglichkeit der Pfändung dieser Gegenstände im Sinne von §§ 559 S.3 BGB, 811 ZPO[148] bestimmt.[149] Die aus sozialen Gründen und vor allem im Interesse des Schuldners und seiner Angehörigen unpfändbaren Sachen sind aus dem Haftungsverband des Mieters herausgenommen.

(2) Maßgebend für die Unpfändbarkeit sind grundsätzlich die Verhältnisse des *Mieters* im *Zeitpunkt der Geltendmachung des Pfandrechts* durch den Vermieter.[150] Erst in diesem Augenblick kann entschieden werden, ob der Vermieter für seine Forderungen aus dem Mietverhältnis ein Pfandrecht an bestimmten Gegenständen besitzt.

Eine Änderung der Pfändungsbestimmungen bezüglich einzelner Gegenstände ist während der Mietzeit durchaus möglich und sogar üblich. Ist eine zunächst unpfändbare Sache im Laufe der Mietzeit (z.B. durch Kauf eines Zweitgerätes, Änderung des Berufes, etc.) pfändbar geworden, so entsteht hiermit das Pfandrecht. Wird dagegen nach Beendigung des Mietvertrages bzw. nach Geltendmachung des Vermieterpfandrechts ein Gegenstand pfändbar, so kann nachträglich ein Pfandrecht nicht mehr entstehen und umgekehrt.

Diese Gläubigerschutzregelung zur Vermeidung einer der Geltendmachung des Pfandrechts nachfolgenden willkürlichen Verschaffung der Unpfändbarkeit durch den Schuldner[151] führt grundsätzlich zu einem "interessengerechten Ausgleich".

Dem Mieter gibt sie die Möglichkeit - vor der Geltendmachung des Pfandrechts - die Pfändungsmöglichkeit zu beeinflussen. Der Vermieter erhält den Schutz ab seiner Geltendmachung. In diesem Zeitpunkt entsteht für den Vermieter ein Recht, sich aus den ihm haftenden Sachen des Mieters durch privatrechtlichen Verkauf entsprechend der Regelungen der §§ 1234 ff BGB zu befriedigen.

---

[148] Ob auch der Hausrat gemäß § 812 ZPO nicht dem Vermieterpfandrecht unterliegt ist streitig. Die herrschende Meinung bejaht die Einbeziehung auf Grund des mangelnden Unterschiedes zu § 811 ZPO, beide sind von Amts wegen zu beachten und des Zweckes des § 559 S.3 BGB des Schutzes des Schuldners; Thomas/Putzo, § 812, Anm; Baumbach/Lauterbach/Hartmann/Albers, § 812,Anm; LG Köln, ZMR 1964, 364; Haase, JR 1971, 323; Staud.-Emmerich, § 559 Rz 35; MK-Voelskow, § 559 Rz 12; a.A.: Mittelstein, S. 547; Roquette, § 559 Rz 27; Huelsberg, Diss S. 29

[149] Entsprechend auch § 704 BGB

[150] OLG München MDR 1953, 551; Erman-Schopp, § 559 Rz 8; Palandt-Putzo, § 559 Anm 6 a; RGRK-Gelhaar, § 559 Rz 13; Soergel-Kummer, § 559 Rz 23

[151] Vergl. KG NJW 1952, 751

III. Möglichkeit des Erstzugriffs - Probleme und Einschränkungen   71

(3) Dieses dem Vermieter zu Lebzeiten des Erblassers zustehende Pfandrecht geht auf dessen Erben auf Grund der Akzessorietät des Pfandrechts[152] zu der zweifelsfrei übergehenden Schuldnerstellung bezüglich der Mietzinsforderung über.[153] Das beim Tode des Mieters bereits entstandene Recht des Vermieters bleibt bestehen. Eine spätere Änderung der Eigentumsverhältnisse der dem Pfandrecht unterliegenden Sachen im Wege des Erbfalls gemäß §§ 1922, 1967 BGB, d.h. des Eintritts des Erben in die Rechte und Pflichten des Erblassers, führt somit nicht zum Erlöschen des Pfandrechts. Der Erbe ist nicht befugt, diese ererbten Gegenstände zu entfernen.

bb) Bei der Geltendmachung des Vermieterpfandrechts nach dem Tode des Mieters im Wege der Nachlaßgläubigerstellung des Vermieters ist zwar der Vermieter ebenfalls vor späteren Verfügungen des "Mieters" geschützt, aber es stellt sich insbesondere für die Frage der Pfändbarkeit das Problem des Wegfalls des ursprünglichen Mieters - als Bezugsperson.

(1) Da der Erbe im Augenblick des Todes des Erblassers eine umfassende Rechtsstellung nach den Grundsätzen des Erbrechts erlangt, tritt er auch in das gesamte Mietverhältnis ein. Dieses wird mit den Erben fortgeführt,[154] bis sie bzw. der Vermieter von ihrem Recht, auch zur vorzeitigen Kündigung gemäß § 569 BGB, Gebrauch machen. Die ab dem Zeitpunkt des Todes bis zu dieser Möglichkeit der Kündigung bei Einhaltung der gesetzlichen Kündigungsfrist gemäß §§ 569, 565 Abs.5 BGB in der Regel weiterhin fälligen Mietzinsen fallen ebenfalls in die Schuldenmasse des Nachlasses. Diese Forderungen des Vermieters rühren bereits vom Erblasser her für die der Erbe keine Anwendungsmöglichkeit hat. Sie stellen Erblasserschulden dar.[155] Dem Vermieter haftet gemäß § 1967 BGB sowohl der Erbe persönlich, als auch der Nachlaß, jedoch mit der Möglichkeit der Haftungsbeschränkung.

---

152 Grundsätzlich läßt eine Änderung der Eigentumsverhältnisse das Vermieterpfandrecht - wie auch alle anderen Pfandrechte - unberührt, es sei denn es liegt ein Fall des § 936 BGB vor oder es erfolgt eine Entfernung vom Grundstück im Sinne von § 560 BGB.
153 RG JW 1937, 613 (614); RGRK-Gelhaar, § 559 Rz
154 Bellinger, S. 20; vergl. auch: §§ 569, 569 a BGB
155 Wird das Mietverhältnis fortgesetzt, d.h. wird von dem Kündigungsrecht des § 569 BGB nicht Gebrauch gemacht, begründet der Erbe bei Fortführung "als Erbe", nicht für eigene Zwecke nach der herrschenden Meinung sog. Nachlaß-Erbenschulden, d.h. für die Verbindlichkeiten aus dem fortgesetzten Mietverhältnis haftet der Erbe auch mit dem Nachlaß und dem Eigenvermögen. Eine Haftungsbeschränkung ist nicht möglich. MK-Siegmann, § 1967 Rz 30; Soergel-Stein, § 1967 Rz 11; Staud.-Marotzke, § 1967 Rz 24

(2) Bei einer derartigen vollen Übernahme der Mieterstellung durch die Erben gemäß §§ 1922, 1967 BGB (bis zur Kündigung gemäß § 569 BGB) müßte sich die Frage der Pfändbarkeit der bereits durch den Erblasser eingebrachten Sachen im Interesse des Gläubigers auf die Lebensverhältnisse des *Erben* beziehen. Der Vermieter hat bei der Geltendmachung seines Pfandrechts die soziale und wirtschaftliche Situation des Erben zu beachten. Für das Vorliegen der Voraussetzungen der §§ 559 S.3 BGB, 811 ZPO ist auf die Schutzbedürftigkeit des Erben abzustellen. Im Zeitpunkt der Geltendmachung des Vermieterpfandrechts nach dem Tode des Mieters liegt keine von der Unpfändbarkeitsregelung der §§ 811 ff ZPO bezwecktes Schutzbedürfnis des ursprünglichen Mieters vor Kahlpfändung[156] vor. Es besteht für den Erblasser nicht mehr die Notwendigkeit der Erhaltung des Existenzminimums. Infolgedessen kann der Sinn und Zweck der Pfandrechtsbeschränkungen gemäß §§ 811, 812 ZPO bezüglich des Erblassers nicht mehr verwirklicht werden. Mit dem Tode des Erblassers entfällt für diesen somit der Schutz des § 811 ZPO. Es besteht keine Unentbehrlichkeit mehr. Jedoch ist dahingehend eine Ausnahme zu machen, als diejenigen Pfändungsbeschränkungen, die lediglich beim Tod des Schuldners eintreten (§ 811 Nr 2, 3 ZPO) ihre Geltung behalten. Nur in diesem Fall ist auf die Verhältnisse des Erblassers abzustellen.[157] Diese nicht ausdrücklich im Gesetz geregelte Folge der Bezugnahme auf den Erben entspricht den Bestimmungen der Pfändbarkeit in §§ 1990, 1985 BGB und beim Nachlaßkonkurs, § 214 KO. Nach der herrschenden Meinung[158] wird sowohl bei dem Nachlaßkonkurs gemäß § 214 KO, als auch bei §§ 1990, 1985 BGB bei der Frage der Unpfändbarkeit auf die Person des Erben abgestellt.[159] Für die Massezugehörigkeit einer Sache im Konkurs gemäß § 1 KO ist die Pfändbarkeit oder Unpfändbarkeit im *Zeitpunkt der Konkurseröffnung* maßgebend. Da der Erbe jetzt Schuldner und Gemeinschuldner ist, müssen seine persönlichen Verhältnisse ausschlaggebend sein. Daß der Erbe nur "als solcher", d.h. als Träger der konkursbefangenen Sondermasse seines Vermögens,[160] Schuldner und im Nachlaßkonkurs Gemeinschuldner ist, spielt bei der Bemessung der persönlichen Bedürfnisse keine Rolle.[161]

---

156 Zöller-Stöber, § 811 Rz 1
157 Bleyer, S. 436
158 Betr.: KO: Kilger, § 214 Anm 2; Kuhn/Uhlenbruck, § 214 Rz 2; Wilmowski/Kurlbaum, § 214 Anm 9; Hellmann, S. 233; Jaeger-Weber, § 214 Rz 33. Betr.: § 1985 f: MK-Siegmann, § 1985 Rz 4; Staud-Marotzke, § 1990 Rz 32; Lange/Kuchinke, § 51 III 4 d, Fn 77
159 A.A.: Petersen/Kleinfeller-Kleinfeller, § 216 Anm 5; einschränkend: Bleyer, S. 436; Kretschmar, LZ 1914, 363 f
160 Jaeger-Weber, § 214 Rz 10
161 Jaeger-Weber, § 214 Rz 33

III. Möglichkeit des Erstzugriffs - Probleme und Einschränkungen 73

Erfolgt aus diesem Grunde eine Bezugnahme auf die persönlichen Bedürfnisse und Verhältnisse des *Erben*,[162] könnte es dazu führen, daß dem Konkurs, bzw. allgemein der Pfändbarkeit, Gegenstände entzogen werden, die zu Lebzeiten des Erblassers pfändungsfrei waren. Für die Gläubiger bestünde eine Unsicherheit, insbesondere bei der Unkenntnis des Erben und bei einer Erbengemeinschaft. Bei der Geltendmachung zu Lebzeiten des Erblassers ist dem Gläubiger bekannt - bzw. besteht die Möglichkeit der Kenntniserlangung -, in welchem Umfang sein Pfandrecht gegeben ist. Dies ist insbesondere in den Fällen der Anordnung einer Nachlaßpflegschaft wegen Unklarheit über die Person des Erben nicht möglich. Dem Gläubiger kann nicht zugemutet werden, mit dem Verkauf der Gegenstände entsprechend §§ 1234 ff BGB zur Befriedigung bis zur Ermittlung des Erben zu warten. Auch bei dem Vorliegen einer Erbengemeinschaft ergibt sich das Problem der Bezugsperson. Auf welchen der Erben ist hier abzustellen?

Auf der anderen Seite erfolgt im Interesse der Gläubiger aber auch eine Erweiterung der pfändbaren Masse. Gemäß §§ 811, 812 ff ZPO soll jeder Mensch, der wegen seiner sozialen Lage der Hilfe der Allgemeinheit bedarf, durch staatliche Hilfe die Führung eines Lebens ermöglicht werden, das der Würde des Menschen (Art 1 Abs.1 GG) entspricht.[163] Ein derartiges Schutzbedürfnis besteht im Zeitpunkt des Erbfalls für den Erben nicht. Er besitzt als natürliche Person gegenüber seinen (Eigen-) Gläubigern einen pfändungsfreien Vermögensteil. Erbt er Gegenstände, die für den Erblasser bei dessen Tod, d.h. bei einer fiktiven Geltendmachung des Vermieterpfandrechts zu diesem Zeitpunkt unpfändbar waren, ändern sich die tatsächlichen Verhältnisse des Erben. Er erhält zu den in seinem Eigentum stehenden unpfändbaren Gegenständen die Nachlaßsachen, die beim Erblasser unpfändbar waren, hinzu. Es besteht aber nur für *einen* Gegenstand bzw. eine Sachgesamtheit die Voraussetzungen der §§ 811 ff ZPO. Wenn der Schuldner z.B. die der angemessenen und bescheidenen Lebensführung des Erblassers dienenden Haushaltsgegenstände erbt, entfällt für diese die Unpfändbarkeit, wenn der Erbe selbst derartige Gegenstände besitzt. Selbst in den Fällen, in denen der Erbe die Unpfändbarkeit der ererbten Gegenstände auf Grund seiner wirtschaftlichen und sozialen Lage im Erbfall geltend machen *könnte*, entfällt diese Möglichkeit meist mangels derzeitigen Bedürfnisses. In der Regel liegt im Zeitpunkt des Erbfalls bzw. bei der Geltendmachung des Vermieterpfandrechts - insbeson-

---
[162] So die herrschende Meinung, siehe Fußnote 154, 155
[163] Stein/Jonas-Münzberg § 811 Rz 1

dere im Rahmen der Nachlaßpflegschaft - keine Notwendigkeit des Gebrauchs vor.[164] Aus diesen Gründen muß sich die Frage der Pfändbarkeit im Sinne von § 559 S.3 BGB, §§ 704, 559 S.3 BGB i.V.m § 811 ZPO bei der Geltendmachung des Pfandrechts nach den Tode des Schuldners auf die Verhältnisse des Erben beziehen.

c) Kollision des "Erstzugriffsrechts" des Nachlaßpflegers und der Sicherungsrechte übriger Nachlaßgläubiger

Es stehen sich infolgedessen die Möglichkeit des Nachlaßpflegers auf jederzeitigen Zugriff in den Nachlaß und die durch ein Pfandrecht gesicherten Ansprüche der übrigen Nachlaßgläubiger mit gleichem Ziel der bevorzugten Befriedigung gegenüber. Insbesondere in den Fällen eines unzureichenden Nachlasses können diese Rechte nicht in ihrem notwendigen Inhalt ohne Benachteiligung einer Partei verwirklicht werden. Für die "gesicherten" Nachlaßgläubiger führt dies unter Umständen zu einer Aufhebung ihrer besonderen Stellung.

Die Konfliktlösung erfordert eine Aufstellung einer Reihenfolge, insbesondere bezüglich der Berücksichtigung der Pfandgläubiger. Eine Rangfolge dieser auch nach dem Tode des Erblassers bestehenden dinglichen Rechte ist nicht expressis verbis im Gesetz geregelt.[165]

Es bestehen nur Anhaltspunkte, wie z.B. die Regelung des § 880 BGB für die im Grundbuch eingetragenen Rechte und § 1209 BGB für die Mobiliarpfandrechte. Danach bestimmt sich der Rang der Rechte gegenüber anderen dinglichen Rechten nach dem Prioritätsprinzip. Das bedeutet gemäß § 880 BGB die Festlegung des grundbuchrechtlichen Ranges nach dem Zeitpunkt der Eintragung bzw. bei den Pfandrechten nach § 1209 BGB nach der Zeit der Bestellung, d.h. der Moment in dem der Pfandrechtserwerb nach §§ 1205, 1206 BGB eintritt. Das ist je nach Fallgestaltung die Besitzerlangung, bzw. die Einigung, bei gesetzlichen Pfandrechten die Verwirklichung des gesamten Entstehungstatbestandes.[166] Dieser Prioritätsgedanke gilt auf Grund der durch ihn erfolgten Konkretisierung des allgemeinen Gedankens, daß niemand mehr Rechte übertragen kann, als er selbst hat (nemo plus iuris ad alium transferre

---

[164] Eine Ausnahme besteht unter Umständen in den Fällen, in denen der Alleinerbe mit dem Erblasser zusammenlebt.
[165] Emmerich, § 17 B S. 76 f; siehe auch B II 1
[166] Staud.-Wiegand, § 1209 Rz 3; Planck-Flad, § 1209 Anm 1,4

III. Möglichkeit des Erstzugriffs - Probleme und Einschränkungen 75

potest quam ipse habet),[167] daher nicht nur für die gesetzlich normierten Fälle, sondern dadurch wird ein Rangverhältnis für sämtliche Verfügungsgeschäfte aufgestellt.[168]

Bei der Transformation dieses Rechtsgedankens auf das Verhältnis des Nachlaßpflegers zu den Pfandgläubigern bzw. den Erben ist zu berücksichtigen, daß die Forderung des Nachlaßpflegers gegen die Erben aus §§ 1835, 1836, 1915 Abs.1, 1960, 1962 BGB nicht durch ein dingliches Recht gesichert ist, so daß das aus §§ 880, 1209 BGB sich ergebende Prioritätsprinzip nicht direkt die Ansprüche des Nachlaßpflegers erfaßt.

Auf der anderen Seite besitzt eine gesicherte Forderung gegenüber einem ungesicherten Anspruch durch den Schutz des § 1227 BGB[169] und der konkursrechtlichen Stellung einen höheren Rang und der Pfandgläubiger hat gegenüber jedermann eine besondere Stellung. Dem Pfandgläubiger steht ein Absonderungsrecht im Sinne von §§ 48, 49 Abs.1 KO zu, das ihm ein Recht auf vorzugsweise Befriedigung, § 47 KO, gegenüber den übrigen Massegläubigern bzw. Konkursgläubigern gibt.

Auf Grund dieses Vorrechts und der Stellung der Pfandgläubiger im Rechtssystem trifft bei der Frage der Rangfolge zur Befriedigung der gesicherten Forderungen die ratio legis der §§ 880, 1209 BGB in einem noch höheren Maße zu. Infolgedessen muß argumentum a maiore ad minus dieses Prioritätsprinzip grundsätzlich auch im Verhältnis von gesicherten und ungesicherten Forderungen gelten. Das bedeutet, daß der Nachlaßpfleger vor der Befriedigung seiner Ansprüche auf Aufwendungsersatz und Vergütung bei Vorliegen dinglicher Sicherheiten diese berücksichtigen muß. Obwohl dem Nachlaßpfleger durch die Möglichkeit des Erstzugriffs ein Recht gegeben ist, sich aus dem Nachlaß ohne Rücksichtnahme zur Förderung seiner Aufgaben, der Sicherung und Erhaltung des Nachlasses, zu befriedigen, dürfen dadurch die Nachlaßpfandgläubiger nicht ihrer bereits zu Lebzeiten des Erblassers bestehenden besonderen Stellung enthoben werden.

Die einzige Möglichkeit, diesen Grundsatz der Priorität zu unterlaufen und damit zu einer uneingeschränkten Erstzugriffsmöglichkeit des Nachlaßpfle-

---

167 Motive, III S. 805; Digesten 50.17.; Staud.-Wiegand, § 1209 Rz 2
168 Vergl. RGRK-Kregel, § 1209 Rz 1; Luther, § 9
169 § 1227 BGB ist über § 1257 BGB auch auf gesetzliche besitzlose Pfandrechte, wie z.B. das Vermieterpfandrecht anwendbar, da § 1227 BGB nicht den Besitz des Pfandes voraussetzt. Staud.-Emmerich, § 559 Rz 2

gers zu gelangen, könnte durch eine vertragliche Vereinbarung einer Rangstellung bzw. einer Änderung des gesetzlich festgelegten Ranges erfolgen. Eine solche ist in § 880 BGB ausdrücklich vorgesehen. Allerdings setzt § 880 Abs.1, Abs.2 i.V.m. §§ 879, 873 BGB ein rangfähiges, ins Grundbuch eintragungsfähiges Recht voraus. Eine solche Eintragung ist aber bei dem Anspruch des Nachlaßpflegers auf Aufwendungsersatz oder Vergütung und des Pfandgläubigers nicht notwendig bzw. nicht möglich. Eine Übertragung dieser gesetzlichen Regelungen für Eigentumsrechte an Grundstücken, d.h. eine nachträgliche Rangänderung mit dinglicher Wirkung auf die sonstigen dinglich gesicherten Rechte wird von der herrschenden Meinung mit der im Rahmen der §§ 1204 ff BGB fehlenden, dem § 880 BGB entsprechenden, Regelung abgelehnt.[170] Außerdem besteht für das Sachenrecht nicht die Vertragsfreiheit in der Weise wie für das erste und zweite Buch des BGB. In Abweichung dieses Grundsatzes ist zur Gewährung der Rechtsklarheit ein Typenzwang normiert. Auf Grund dessen hätte die Zulässigkeit der Änderung des Ranges bestehender Rechte ausdrücklich gesetzlich normiert werden müssen, wie es für Grundstücksrechte in § 880 BGB erfolgt ist.[171,172]

Nimmt man jedoch mit E. Wolf[173] und Heck[174] eine Rangänderung auch mit dinglicher Wirkung entsprechend § 880 BGB an, bzw. geht von einer, auch von der herrschenden Meinung gebilligten Rangvereinbarung mit nur schuldrechtlicher Wirkung[175] aus, so setzt dies eine tatsächliche Vereinbarung zwischen dem Pfandgläubiger und dem Nachlaßpfleger zugunsten dessen voraus. Da der Pfandrechtsinhaber dadurch seine Sicherung des Anspruchs, die ihn gerade gegenüber einem sonstigen Gläubiger bevorzugt, aufgibt, wird eine solche Vereinbarung in der Regel nicht erfolgen. Auch eine konkludente bzw. bei der Anordnung der Nachlaßpflegschaft notwendigerweise - aus § 242 BGB - sich ergebende Änderung kann aus Gründen des Gläubigerschutzes nicht erfolgen. Obwohl durch den Erstzugriff des Nachlaßpflegers auf den Nachlaß zwecks Befriedigung seiner Ansprüche u.U. seine Tätigkeit in ihrer Sorgfältigkeit gefördert wird, kann diese Möglichkeit auf Grund der Staatsbürger-

---

170 So: MK-Damrau, § 1209 Rz 2; Palandt-Bassenge, § 1209 Anm 1 b; RGRK-Kregel, § 1209 Rz 2
171 Siehe Staud.-Spreng, 11. Aufl. § 1209 Anm 3
172 Eine Rangänderung ist nur durch Aufhebung der bestehenden älteren Rechte und der späteren Neubegründung dieser in entsprechender Reihenfolge möglich. MK-Damrau, § 1209 Rz 2; RGRK-Kregel, § 1209 Rz 2
173 Sachenrecht, § 8 IV
174 Sachenrecht, § 24, 11
175 Siehe Fn 170

pflicht der Führung der Nachlaßpflegschaft keine selbstverständliche Änderung der Befriedigungsrechte begründen. Es ist zu berücksichtigen, daß die Möglichkeit des Erstzugriffs des Nachlaßpflegers nicht zwingenderweise eine Förderung seiner Tätigkeit beinhaltet, sondern auch die Gefahr besteht, daß er nach der Entnahme sein Amt vernachlässigt und ein Mißbrauch seiner Stellung eintritt. Infolgedessen besteht bei Vorliegen einer dinglichen Sicherheit, wie z.B. des Vermieterpfandrechts, kein Recht des Nachlaßpflegers, diese zu übergehen. Er ist verpflichtet bei der ihm grundsätzlich gegebenen Erstzugriffsmöglichkeit die Besonderheit der Sicherungsrechte zu beachten. Das bedeutet, daß er die dem Pfandrecht unterliegenden Gegenstände im Rahmen seiner Aufgaben, der Sicherung und Erhaltung des Nachlasses, zur eigenen Befriedigung seiner Ansprüche nicht veräußern bzw. entnehmen darf.[176]

Allerdings ergibt sich aus dieser Berücksichtigung der Pfandrechte auch eine Einschränkung der Veräußerungsmöglichkeit von Nachlaßgegenständen im Rahmen der Sicherung und Erhaltung des Nachlasses. Der Nachlaßpfleger muß auch hier die bestehenden Pfandrechte beachten.

Ergebnis

Für den Nachlaßpfleger besteht bei der Befriedigung der Nachlaßgläubiger keine Reihenfolge der Erfüllung. Er ist insofern - abgesehen von der Kontrolle des Nachlaßgerichts - völlig frei und *kann* sich daher grundsätzlich selbst als Erster bezüglich seiner Aufwendungsersatzansprüche und der durch das Nachlaßgericht festgesetzten Vergütung aus dem von ihm zu verwaltenden Nachlaß befriedigen.

Eine Besonderheit besteht nur in den Fällen, in denen dingliche Sicherungen an Nachlaßgegenständen vorhanden sind. Der Nachlaßpfleger hat diese in der Weise zu berücksichtigen, daß bei seiner Amtsführung keine Benachteiligung dieser Gläubiger erfolgt. Weiterhin ist diese Entnahme nur dann gestattet, wenn der Nachlaßpfleger bereits weiß oder eine ungefähre Vorstellung hat, welche Handlungen er vornehmen muß bzw. vorgenommen hat. Bezüglich der Vergütung besteht insofern bereits der Hinderungsgrund der Festsetzung und Bewilligung durch das Nachlaßgericht.

---

[176] Dieses Problem ergibt sich nur in wenigen Fällen, da nach den obigen Ausführungen der Nachlaßpfleger nicht berechtigt ist primär zur Befriedigung einer Ansprüche Nachlaßgegenstände zu veräußern. B I 2 b

C. Aufwendungen und Vergütungen beim Rechtsanwalt als Nachlaßpfleger und als "Berufsnachlaßpfleger"

I. Problemstellung

Grundsätzlich ist die gesetzliche Regelung bezüglich der Aufwendungen und die ausnahmsweise Vergütung gemäß §§ 1835, 1836 BGB auf den sog. *Einzelvormund (Einzelnachlaßpfleger)* zugeschnitten, denn gemäß §§ 1786 Abs.1 Nr 8, 1785 BGB ist jeder Deutsche lediglich zur Übernahme von zwei Vormundschaften verpflichtet. Da häufig hauptsächlich in Großstädten aber nicht genügend Einzelnachlaßpfleger zur Verfügung stehen,[1] haben sich insbesondere Rechtsanwälte bereit erklärt, mehr als die gesetzlich festgelegte Zahl von zwei Nachlaßpflegschaften (siehe §§ 1786 Abs.1 Nr 8, 1915 Abs.1, 1960, 1962 BGB) zu übernehmen. Sie sind dazu übergegangen, mit der Führung von Vormundschaften oder Nachlaßpflegschaften sich teilweise, überwiegend oder ausschließlich den Lebensunterhalt zu verdienen.

Die folgenden Erörterungen beziehen sich lediglich auf diese Gruppe von Nachlaßpflegern, *nicht* auf Einzelnachlaßpfleger, z.B. den Rechtsanwalt als Einzelnachlaßpfleger, der die Pflegschaft auf Grund der Staatsbürgerpflicht übernommen hat.

Mangels besonderer Regelungen findet grundsätzlich das Prinzip der unentgeltlichen Führung von Nachlaßpflegschaften auch bei den "Berufsnachlaßpflegern", insbesondere Rechtsanwälten Anwendung.[2] Das hat zur Folge, daß die Personen, die vom Nachlaßgericht auf Grund ihrer beruflichen Qualifikation ausgewählt wurden und ihre Aufgaben im Rahmen ihres Berufes erledigen, wie auch diejenigen, die Nachlaßpflegschaften berufsmäßig ausüben, Gefahr laufen, ihre gesamten Leistungen auf Grund des Unentgeltlichkeitsprinzips des § 1836 Abs.1 S.1 BGB kostenlos zur Verfügung stellen zu müssen:

---

1 Vergl. BVerfGE 54, 251 (269)
2 So: LG Düsseldorf NJW 1965, 2111; Bobenhausen, RPfl 1985, 426 (427); RGRK-Scheffler, § 1836 Anm 2; Göttlich/Mümmler, Stichwort "Pfleger"

Ein Ersatz ihrer Aufwendungen, insbesondere für den Einsatz ihrer Zeit und Arbeitskraft kommt nicht in Betracht, da es sich nicht um Aufwendungen im Sinne der §§ 1835 Abs.1, 670 BGB handelt.[3] Ebenfalls erfolgt keine Entschädigung für die allgemeine Verwaltungstätigkeit nach § 1835 Abs.2 BGB, da die Erledigung der Aufgaben jedermann übernehmen kann, sie nicht speziell zu ihrem Gewerbe oder Beruf gehören.[4] Zum anderen entfällt die Bewilligung einer Vergütung, wenn der Nachlaß (das Mündelvermögen) es nicht rechtfertigt. Diese Regelung entspricht jedoch der freiwilligen Übernahme von mehreren Nachlaßpflegschaften. Insbesondere die berufsmäßige Führung von Pflegschaften beinhaltet das Bewußtsein der Risikotragung u.a. bezüglich des Auftragserhalts. Unabhängig vom potentiellen Auftraggeber, bei Nachlaßpflegschaften dem Staat oder Privatpersonen, hat der "Beauftragte" die Gefahr des Ausbleibens der Aufträge bzw. die Vermögenslosigkeit des zu seiner Vergütung Verpflichteten zu tragen.

Infolgedessen liegt bei den "Berufsnachlaßpflegern" auch kein Verstoß gegen Art 12 Abs.1 GG und Art 3 Abs.1 GG, der Berufsfreiheit und dem Gleichheitsgebot, vor,[5] wie es das BVerfG[6] auf Grund einer übermäßigen Einschränkung der Grundrechte postuliert.[7, 8]

II. Die Vergütung

1. Folge für die Anwendbarkeit des § 1836 BGB

Bei der Übertragung einer Nachlaßpflegschaft an einen "Berufsnachlaßpfleger" bzw. einen besonders angesichts seiner beruflichen Qualifikation Ausgewählten liegt in der Regel eine Nachlaßpflegschaft vor, die nach Umfang und Art über das durchschnittliche Maß hinausgeht. Auf Grund dessen wird vermehrt eine Bewilligung von Vergütungen gemäß §§ 1836 Abs.1 S.2, 1915 Abs.1, 1960, 1962 BGB erfolgen. Dies darf aber auch bei dieser Gruppe von

---
[3] Siehe A II 3
[4] Siehe Zieglrum, S. 253
[5] Damrau, FS Mühl S. 123 (127)
[6] BVerfGE 54, 251 f
[7] BVerfGE 54, 251 (271)
[8] Zur grundsätzlichen Anwendung des Unentgeltlichkeitsprinzips auch für die "Berufsnachlaßpfleger": LG Düsseldorf, NJW 1965, 2111; Bobenhausen, RPfl 1985, 426 (427); RGRK-Scheffler, § 1836 Anm 2; Göttlich/Mümmler Sichwort "Pfleger"

Nachlaßpflegern nicht zu einer Vergütungspflicht, einer Reduzierung des Ermessens des Nachlaßgerichts, des Rechtspflegers gemäß §§ 3 Nr 2 c, 14, 16 Abs.1 Nr 1 RPflG, auf Null führen.[9]

2. Die Höhe der Vergütung

Wird dem Rechtsanwalts-Nachlaßpfleger bzw. dem "Berufsnachlaßpfleger" vom Nachlaßgericht in Ausnahme des Grundsatzes der Unentgeltlichkeit eine Vergütung gewährt, müssen durch die Anwendung der §§ 1835, 1836 BGB auch auf diese Gruppe der Nachlaßpfleger bezüglich der Höhe der Vergütung die obigen Ausführungen[10] entsprechend gelten. Danach ist grundsätzlich die Festsetzung der Höhe der Entschädigung in das Ermessen des Nachlaßgerichts, d.h. gemäß §§ 3 Nr 2 c, 16 Abs.1 Nr 1, 14 RPflG in den Aufgabenbereich des Rechtspflegers, unter prinzipieller Zugrundelegung der Richtlinien für den Testamentsvollstrecker gestellt.

a) In diesen Fällen der Bestellung von Rechtsanwälten aufgrund ihre besonderen beruflichen Kenntnisse zu diesem Amt liegt es andererseits nahe, die für den Beruf des Rechtsanwalts aufgestellten Gebührensätze der BRAGebO zur Feststellung der Vergütungshöhe heranzuziehen. § 1 Abs.2 BRAGebO bestimmt jedoch ausdrücklich, daß eine Reihe ehrenamtlicher Tätigkeiten, die von allen Staatsbürgern und daher auch von Rechtsanwälten zu übernehmen sind, Tätigkeiten von gesetzlichen Vertretern im weitesten Sinne (z.B. Konkursverwalter, Vergleichsverwalter, Testamentsvollstrecker) und Treuhändern und Schiedsrichtern nicht nach den Grundsätzen der BRAGebO zu vergüten sind. Die ausdrückliche Nennung der vormundschaftlichen Regelung des § 1836 BGB in § 1 Abs.2 BRAGebO schließt somit eine direkte Anwendung der Gebührenrichtlinien auf die Vergütung eines Rechtsanwalts-Nachlaßpflegers aus.

Eine entsprechende Heranziehung der gesetzlichen Tabellenwerte der BRAGebO für die Vergütung eines Rechtsanwalts, der die Tätigkeit eines Nachlaßpflegers auf Grund seiner besonderen Kenntnisse ausübt, scheitert ebenfalls. Die Ämter und insbesondere die Vergütungsgrundlage beinhalten gravierende Unterschiede: Der Rechtsanwalt erhält seine Vergütung auf

---

[9] Andere Ansicht: Möhring, S. 250; LG Hamburg AnwBl 1966, 168; LG Darmstadt RPfl 1968, 119

[10] Siehe A II 3

II. Die Vergütungen

Grund eines mit seinen Klienten abgeschlossenen Geschäftsbesorgungsvertrages mit Dienstvertragscharakter, §§ 612, 611, 675 BGB.[11]

Der Nachlaßpfleger dagegen wird vom Nachlaßgericht bestellt und handelt als gesetzlicher Vertreter des Erben. Es besteht zwischen dem Erben und dem Nachlaßpfleger kein vertragliches Verhältnis[12] zur Begründung einer Vergütung. Diese wird durch einen staatlichen Hoheitsakt des Nachlaßgerichts festgesetzt. Ein weiteres gegen die Heranziehung der Grundsätze der BRAGebO sprechendes Argument resultiert aus der Art und Weise der Tätigkeit des Nachlaßpflegers bzw. des Rechtsanwalts. Der Rechtsanwalt als berufener unabhängiger Vertreter in allen Rechtsangelegenheiten wird im Auftrag seiner Partei und in deren Interesse zur Rechtsberatung und Unterstützung der Rechtssuchenden bei der Durchführung ihrer Rechtsangelegenheiten tätig und ist an dessen Weisungen gebunden.[13] Auch erhält der Rechtsanwalt durch die Kostengesetze eine Vergütung für die Vertretung in einzelnen Rechtsangelegenheiten. Dem Nachlaßpfleger ist eine Entschädigung für die Verwaltung des gesamten Nachlasses und seine Verantwortung für die Erhaltung sämtlicher zum Nachlaß gehörender Werte, also für einen Kreis von Einzelhandlungen, einschließlicher der Vermögensbetreuung zu gewähren.[14]

b) Eine derartige auf der Fachkenntnis beruhende Entschädigung ist vergleichbar mit der "Vergütung" von Sachverständigen nach dem Gesetz über die Entschädigung von Zeugen und Sachverständigen (ZSEG).[15] Die vom Gericht[16, 17] gemäß §§ 404 ZPO, 73 StPO auf Grund ihres besonderen Fachwissens zur Vermittlung der dem Richter fehlenden Kenntnis von abstrakten Erfahrungssätzen zur Tatsachenfeststellung und zur Beurteilung bestellten Sach-

---

[11] RGZ 88, 223 (226); MK-Söllner, § 611 Rz 88; Palandt-Putzo, Einf.v. 611 Anm 2 a ee; Borgmann/Haug, § 8, 1; § 10, 1; § 11
[12] BGH NJW 1951, 559
[13] Vergleiche zu diesen Unterschieden zwischen Rechtsanwalt und Nachlaßpfleger: Luetgerbrune/Lotze, § 1 Anm II 2; Schumann/Geißinger, § 1 Rz 46; Riedel/Sußbauer, § 1 Rz 28, 32; Martini, § 1 Anm 14
[14] LG Berlin, DFG 1942, 44
[15] So: BVerfGE 54, 251 (276), das sich allerdings primär auf die Aufwendungen bezieht. Siehe C III 2; LG Darmstadt RPfl 1968, 119
[16] Zöller-Stephan, § 404 Rz 1; Baumbach/Lauterbach/Albers/Hartmann-Hartmann, § 404 Anm 1 A
[17] Bei der vorherigen Einigung der Parteien (§ 404 Abs.4 ZPO) über die Person des Sachverständigen ist das Gericht bei der Bestellung an diese Bestimmung gebunden. Es kann nicht nach eigenem Ermessen einen Gutachter auswählen. Vergl.: Thomas/Putzo, Vorb. § 404 Anm 1 a; Zöller-Stephan, § 404 Rz; Baumbach/Lauterbach/Albers/Hartmann-Hartmann, § 404 Anm 2

verständigen[18] erhalten abhängig von ihrer Leistung eine Entschädigung gemäß § 3 Abs.1 ZSEG. Diese wird im Gegensatz zur Rechtsanwalts-Vergütung - deren Berechnungsbasis die fachliche Qualifikation ist - im Einzelfall in Abhängigkeit vom Erfordernis der Fachkenntnis gewährt (§ 3 Abs.2 S. 2 ZSEG). Eine Anwendung dieser Grundsätze auf die berufsmäßigen Rechtsanwalts-Nachlaßpfleger erfordert aber eine notwendige detaillierte Aufgliederung der einzelnen Tätigkeiten nach dem Erfordernis der juristischen Kenntnis. Dies erfolgt jedoch bei der Festsetzung der Vergütung nicht; eine derartige Analyse würde auch dem Sinn und Zweck der Vergütung widersprechen, die eine Entschädigung für die Verwaltung des gesamten Nachlasses darstellt.[19] Es ist pauschal festzusetzen, ob die Sicherung und Erhaltung des Nachlasses spezieller juristischer Kenntnisse bedarf.

c) Insofern ist eine vom Einzelnachlaßpfleger abweichende Vergütung auf Grund der mangelnden Heranziehung der BRAGebO und des ZSEG[20] nicht gegeben. Bei dem "Berufsnachlaßpfleger" müssen grundsätzlich bei der Festsetzung der Vergütung die gleichen Kriterien herangezogen werden wie bei der Einzelpflegschaft.

III. Die Aufwendungen

Entsprechend der Festsetzung der Höhe der Vergütung ergibt sich bei den Aufwendungen durch die im weitesten Sinne berufsmäßige Ausübung der Nachlaßpflegschaft das Problem, ob auch ihre Aufwendungen nach der restriktiven Auslegung des § 1835 Abs.2 BGB[21] zu beurteilen sind.

1. Aufwendungen des Rechtsanwalts

Der auf Grund seiner Qualifizierung zum Nachlaßpfleger bestellte Rechtsanwalt bzw. der berufsmäßig Nachlaßpflegschaften ausführende Rechtsanwalt wird die im Interesse des zukünftigen Erben (Mündel) stehenden Tätigkeiten in der Regel nicht gesondert von seiner sonstigen Berufstätigkeit erledigen. Vielmehr erfolgt die Bearbeitung bestimmter Aufgaben während seiner Be-

---

18 Thomas/Putzo, Vorb. § 402 Anm 1
19 Siehe A II 3 b
20 KG OLGZ 1981, 176 (182); vergl. auch Damrau, FS Mühl S. 123 (130 ff)
21 Siehe A II 2

rufsausübung unter Inanspruchnahme der Büroeinrichtungen und eventuell der Heranziehung seiner Angestellten. Diese dadurch dem Rechtsanwalt im Gegensatz zum "Einzel-Laien-Nachlaßpfleger" entstehenden Bürokosten, Kosten für das Personal etc. werden nach den obigen Ausführungen von dem Aufwendungsersatzanspruch im Sinne von § 1835 Abs.1,2 BGB nicht erfaßt. Sie sind unabhängig von dem besonderen Auftrag entstanden und bilden lediglich die Voraussetzung zur Ermöglichung eines umfangreichen Geschäftbetriebs.[22]

2. Ersatz des Zeitaufwandes und der anteiligen Bürounkosten

Aus einer derartigen Versagung des Ersatzes resultiert aber eine Ungleichbehandlung zwischen Einzel- und Berufsnachlaßpfleger. Der sein Amt berufsmäßig oder auch nur teilweise zur Erzielung des Lebensunterhalts ausübende Pfleger ist verpflichtet für erforderliche Aufwendungen aus seinem Vermögen "zuzuschießen". Dies widerspricht aber eindeutig dem Sinn und Zweck des Aufwendungsersatzanspruches gemäß §§ 1835, 1915 Abs.1, 1960, 1962 BGB.[23] Für eine Übernahme derartiger Unkosten durch den Erben spricht ebenfalls die Berufung des Berufsnachlaßpflegers durch einen staatlichen Akt zur Erfüllung der staatlichen Wohlfahrtspflege auf Grund seiner beruflichen Qualifikation. Es wird vom Vormundschafts-/Nachlaßgericht vorausgesetzt, daß der Rechtsanwalt seine speziellen Fähigkeiten und die ihm zur Verfügung stehenden Einrichtungen, z.B. sein Büro zum Einsatz bringt.

Als Gegenargument gegen eine Erstattung im Wege des § 1835 Abs.2 BGB wird neben der Gefahr der versteckten Entlohnung[24] teilweise die mangelnde Möglichkeit der exakten Berechnung des Zeitaufwandes und der anteiligen Bürounkosten angeführt.[25] Diesen Bedenken ist dahingehend zuzustimmen, daß für einen Rechtsanwalt, der nicht ausschließlich Vormundschaften oder Nachlaßpflegschaften übernimmt, abgesehen von der Unzumutbarkeit, eine detaillierte Aufstellung tatsächlich undurchführbar ist. Da auch ein pauschaler Ansatz unstatthaft ist,[26] bestünde insofern ein Ablehnungsgrund.

---

22 Vergl. Boschan, Recht 1917, 394 (396)
23 Siehe A I, II 2
24 LG München RPfl 1975, 396; BVerfGE 54, 251 ff
25 BayObLG RPfl 1981, 111 (112). Vergl.: KG Urteil des 3.ZS vom 5.5. 1914 aus: Boschan, Recht 1917, 394 (395); Damrau, FS Mühl, 123 (132 f)
26 OLG Zweibrücken RPfl 1980, 103; OLG Zweibrücken RPfl 1983, 312 (313); MK-Schwab, § 1835 Rz 15

Dem Nachlaßpfleger obliegt jedoch eine dauernde Verwaltung mit einer "Reihe von Kleinigkeiten".[27] Die Forderung der exakten Belegung jeder Stunde bei einem Rechtsanwalt als Nachlaßpfleger stellt offensichtlich ein die Grenzen des Zumutbaren übersteigendes Verlangen dar. Es liegt ein Verstoß gegen Treu und Glauben vor.[28] Aus diesem Grunde kann von dem Nachlaßpfleger lediglich gefordert werden, daß der geltend gemachte Zeitaufwand und die anteiligen Bürounkosten bezüglich des Einzelfalles einem Schätzwert entsprechen.[29] Bei einer Einbeziehung dieser Kosten in den Rahmen der ersatzfähigen Aufwendungen entsteht aber eine Überschneidung mit der Vergütung. Diese wird u.a. bewilligt, wenn der Umfang und die Bedeutung der Geschäfte es rechtfertigen.[30]

Nach Ansicht des BVerfG[31] handelt es sich aber um zwei getrennte Ansprüche, die der Nachlaßpfleger wahlweise geltend machen kann und die eventuell miteinander verrechnet werden.[32] Gegen dieses Wahlrecht spricht sich aber insbesondere Schwab[33] aus. Der Nachlaßpfleger soll grundsätzlich den Zeit- und Büroaufwand im Rahmen der Vergütung erhalten. Nur soweit das Nachlaßvermögen die Bewilligung einer Vergütung nicht rechtfertigt, kann der Nachlaßpfleger diese Verwaltungskosten als Aufwendungen geltend machen. Eine derartige Differenzierung läuft aber darauf hinaus, daß der volle Arbeits- und Zeitaufwand nicht aus dem Mündelvermögen zu zahlen ist. Denn in den Fällen, in denen keine Vergütung auf Grund des geringen Nachlaßvermögens bewilligt wird, also "Mittellosigkeit" vorliegt, erfolgt der Ersatz der Aufwendungen aus der Staatskasse.

Eine solche Konsequenz widerspricht der gesetzlichen Regelung. Der Staat soll gemäß § 1835 Abs.3 BGB die Aufwendungen ersetzen, die der Nachlaßpfleger ansonsten aus dem Nachlaß erhalten hätte. Zwar werden die Aufwendungen im Falle des § 1835 Abs.3 BGB nach dem ZSEG berechnet, aber diese Werte sind nicht mit dem auf Billigkeitsgesichtspunkten beruhenden entsprechenden Vergütungswert vergleichbar. Es entsteht eine Differenz zwischen

---

27 So Damrau FS Mühl S. 123 (132)
28 Siehe Damrau, FS Mühl S. 123 (133)
29 So: OLG Zweibrücken, RPfl 1983, 312 (313); BayObLG RPfl 1988, 529 (530); Damrau, FS Mühl, 123 (133); MK-Schwab, § 1835 Rz 15
30 Siehe A II 3 b bb
31 BVerfGE 54, 251 (275)
32 Zustimmend : Damrau, FS Mühl, 123 (134 f)
33 MK-Schwab, § 1835 Rz 15. Vergl. auch: BayObLG RPfl 1983, 313 (314); KG RPfl 1981, 194 (195)

III. Die Aufwendungen

dem Ersatz von Arbeits- und Zeitaufwand bei hohem und geringem Nachlaßvermögen. Aus diesem Grunde ist die Art der Geltendmachung im Sinne des BVerfG[34] in das Ermessen des Nachlaßpflegers zu stellen.

Bezüglich der Höhe der anteiligen Bürounkosten und des Zeitaufwandes schlägt das BVerfG[35] auf Grund der Auswahl der Nachlaßpfleger nach ihren Fachkenntnissen eine Heranziehung der Grundsätze für die Vergütung von Sachverständigen nach dem ZSEG vor. Diese sollen als Überbrückung bis zur Normierung einer speziellen Regelung für Nachlaßpfleger bzw. den Vormund durch den Gesetzgeber gelten. Eine Anwendung dieser Normen ist jedoch für die Vergütung abgelehnt worden.[36] Diese Überlegungen basieren auf der Festsetzung einer "Pauschalvergütung", für die gesamte Tätigkeit in der Regel am Ende des Amtes.

Bei dem Aufwendungsersatz handelt es sich jedoch um die "Entschädigung" einzelner Auslagen, so daß § 3 Abs.2 ZSEG insbesondere bei der Stundenentschädigung heranzuziehen ist, wobei der besondere Charakter der Nachlaßpflegschaft (Vormundschaft) und die Aufgabenstellung zu berücksichtigen sind. Der Nachlaßpfleger erhält gemäß §§ 1835, 670, 1960 BGB einen Aufwendungsersatz, wenn er diese Tätigkeiten zum Zwecke der Erfüllung seines Amtes, der Sicherung und Erhaltung des Nachlasses, für erforderlich hält. Diese weit gefaßte Gesetzesregelung stellt zwar, wie bei den Sachverständigen im ZSEG die Frage der Notwendigkeit in des Ermessen des Nachlaßpflegers, aber die Tätigkeit des Sachverständigen ist durch den Gutachtenauftrag des Gerichts eng eingegrenzt. Bei der Nachlaßpflegschaft (Vormundschaft) handelt es sich meist um einen umfangreichen Vorgang, dessen Anordnung keine detaillierte Aufgabenstellung beinhaltet. Die Berücksichtigung dieser Unterschiede führt somit zu einer *entspechenden Anwendung des ZSEG*, so daß der Stundensatz von 40-70 DM gemäß § 3 Abs.2 S. 1 ZSEG für den Zeitaufwand *unter Berücksichtigung des Einzelfalls der Nachlaßpflegschaft* zugrunde zu legen ist.

Entspricht somit die Tätigkeit eines Rechtsanwalts-Nachlaßpflegers der eines Sachverständigen, so würde das bedeuten, daß die Entschädigung seines Zeitaufwandes und seiner Bürounkosten im Rahmen des Aufwendungsersatzes gemäß § 1835 BGB bei berufsmäßiger Ausübung seines Amtes gemäß § 3

---

34 BVerfGE 54, 251 (275 f)
35 BVerfGE 54, 251 (274)
36 Siehe C II 2 b

Abs.3 S.1 b ZSEG um 50 % erhöht werden könnte. Das würde dazu führen, daß derjenige Nachlaßpfleger, der - wenn auch nur teilweise - seinen Lebensunterhalt durch die Übernahme derartiger Aufgaben bestreitet, für seinen Zeitaufwand nicht 40-70 DM sondern 60-105 DM verlangen könnte.

Gegen diese Folge spricht aber der Unterschied zwischen dem Sachverständigen und dem Nachlaßpfleger bezüglich der Annahme bzw. der Ablehnung ihres Amtes. Der hauptberufliche Sachverständige ist als Gutachter gemäß §§ 407 ZPO, 75 StPO gegenüber dem Gericht verpflichtet, ein Gutachten zu erstellen. Er hat kein, das dem Nachlaßpfleger in § 1786 Abs.1 Nr 8 BGB entsprechendes Ablehnungsrecht. Es besteht lediglich in den Fällen der Ausnahmeregelung des § 407 ZPO[37] eine gesetzliche Gutachtenerstattungspflicht. Lehnt der "Berufsnachlaßpfleger" die Übernahme weiterer Pflegschaften ab, so steht dies in seiner eigenen Entscheidung.

Infolgedessen ist eine pauschale Erhöhung entsprechend § 3 Abs.3 ZSEG nicht statthaft. Für die anteiligen Bürounkosten ergibt sich eine Entschädigung aus § 8 ZSEG.

3. Definition des "Berufsnachlaßpflegers"

Abgesehen von diesen Schwierigkeiten bei der Bestimmung der Aufwendungshöhe bezüglich des Zeitaufwandes und der anteiligen Bürounkosten, stellt sich das Problem, in welchen Fällen es sich um einen "Berufsnachlaßpfleger" handelt.

In der Rechtsprechung ist keine einheitliche Linie gegeben: So spricht das LG Berlin[38] bei 15 Mündeln, das LG Düsseldorf[39] bei 33 Mündeln von einer Berufsvormundschaft. Das LG Frankfurt a.M.[40] hat 1984 eine Berufsvormundschaft bei der Betreuung von lediglich 10 Mündeln angenommen, das BayObLG dagegen 1988 eine sogar bei sieben Pflegschaften.[41] Auch das BVerfG gibt in seinem Urteil vom 1. Juli 1980[42] keine eindeutige Beantwortung

---

[37] Grundsätzlich besteht keine Pflicht der Sachverständigen zu Gutachtertätigkeit, da sie ersetzbar sind. Thomas/Putzo, § 407 Anm
[38] LG Berlin, RPfl 1981, 237
[39] LG Düsseldorf, RPfl 1982, 147
[40] LG Frankfurt, AnwBl 1984, 45
[41] BayObLG, RPfl 1988, 529
[42] BVerfGE 54, 251 ff

III. Die Aufwendungen

dieser Frage. Vielmehr spricht es von einer "großen Zahl von Vormundschaften",[43] der "Betreuung sehr vieler Mündel",[44] der "Übernahme zahlreicher Vormundschaften- und Pflegschaften"[45] einem "zum Vormund bestellten Anwalt",[46] einem "Anwaltsvormund" etc. Diese Wortwahl ergibt sich primär aus dem vorliegenden Fall des BVerfG, in dem zwei Rechtsanwälte zusammen 250 Mündel und Pfleglinge betreuten. Bei einer derartigen Zahl liegt allein durch die Spezialisierung der Kanzlei unzweifelhaft - auch nach der sonst uneinheitlichen Rechtsprechung - eine berufliche Ausübung von Vormundschaften bzw. Pflegschaften vor. Obwohl sich diese Aussagen des BVerfG auf den zu entscheidenden Sachverhalt beziehen, ließe sich insoweit eine Verallgemeinerung vornehmen, daß es sich um die Übernahme zahlenmäßig höherer als der gesetzlich vorgeschriebenen Anzahl nicht unbedeutender Vormundschaften/ Nachlaßpflegschaften handeln muß. Gesetzlich ist nur eine Übernahmepflicht von zwei Vormundschaften gemäß § 1786 Abs.1 Nr 8 BGB normiert, mit der *Indizwirkung*, daß mehr als zwei Ämter nur als Teil der Berufsausübung wahrgenommen werden können. Diese Einschränkung des BGB erfolgte bereits 1888 in dem ersten Entwurf zum BGB (§ 1643 Nr 8). Beim Vergleich des Arbeits- und Zeitaufwandes im Jahre 1888 und 1989 drängt sich die Frage auf, ob nicht bezogen auf die heutige Zeit eine umfangreichere berufsfreie Übernahme von Vormundschaften angenommen werden kann. Zwar verbleibt durch die starke Verkürzung der Wochen und der Lebensarbeitszeit mehr freie Zeit für den Einzelnen als am Ende des 19. Jahrhunderts, aber auf der anderen Seite ist auch die Führung der Pfegschaften in ihrem Umfang und den Anforderungen in den letzten 100 Jahren stark angestiegen. Im Verhältnis zur beruflichen Arbeitszeit argumentiert Damrau[47] zutreffend mit dem Mehr an Freizeit. Die von 1888 bis heute erfolgte drastische Reduzierung der Arbeitszeit soll dem Arbeitnehmer ein Mehr an Freizeit gewähren. Nimmt man diese Freizeit als feste Größe, so würde diese Überlegung leerlaufen, wenn man dem Bürger - eventuell sogar per Gesetz - zur Führung mehrerer Vormundschaften verpflichtet,[48] er keine Entschädigung insbesondere für seinen Zeitaufwand erhält. Trotz dieser gesetzlichen Regelung kann aber nicht pauschal von einem Berufsvormund bei der Übernahme von drei oder mehr Vormundschaften ge-

---

[43] BVerfGE 54, 251 (269)
[44] BVerfGE 54, 251 (255)
[45] BVerfGE 54, 251 (270)
[46] BVerfGE 54, 251 (267)
[47] FS Mühl, 123 (130)
[48] Dies ist aber gerade in den letzten 100 Jahren seit dem 1. Entwurf zum BGB nicht erfolgt.

sprochen werden. Auch eine einzige Nachlaßpflegschaft kann mit einem derartigen Arbeits- und Zeitaufwand verbunden sein, der nur im Rahmen eines Berufes zu bewältigen ist. Im Regelfall werden jedoch diese Kriterien erst ab mehreren Ämtern erheblich.

Zusammenfassend kann daher grundsätzlich von einem Berufsnachlaßpfleger gesprochen werden, wenn ein Rechtsanwalt mehr als zwei Vormundschaften/Pflegschaften übernimmt, die seine besondere berufliche Qualifikation und die erhebliche Zeit- und Arbeitsaufwand erfordern.[49] Die mit der Übernahme von Pflegschaften etc. verbundenen Tätigkeiten müssen einen Teil der Berufsausübung und nicht nur eine Nebentätigkeit darstellen.

4. Ergebnis

Trotz dieser Schwierigkeiten ist dem Rechtsanwalt, der eine Mehrzahl von Nachlaßpflegschaften (in der Regel mehr als zwei) übernimmt und dadurch teilweise oder auch ausschließlich seinen Lebensunterhalt verdient, einen Ersatz seines Zeitaufwandes und der anteiligen Bürounkosten gemäß §§ 1835, 1915 Abs.1, 1960, 1962 BGB in Verbindung mit den Grundsätzen des § 3 Abs.2 ZSEG zu gewähren.

IV. Die Umsatzsteuer

1. Die Steuerpflicht bezüglich der Vergütung

Durch den vermehrten Einsatz von Rechtsanwälten als Nachlaßpfleger auf Grund ihrer besonderen Qualifikation und der beruflichen Spezialisierung von Rechtsanwälten auf die Führung von Nachlaßpflegschaften etc. liegt insbesondere bei den "Berufsnachlaßpflegern" eine berufliche Ausübung eines derartigen Amtes vor. Sie ist in der Regel mit der Absicht oder der Bereitschaft verbunden vermehrt Nachlaßpflegschaften, Vormundschaften, Pflegschaften usw. zu übernehmen.

a) In den Fällen, in denen der Rechtsanwalt beruflich Nachlaßpflegschaften oder Vormundschaften übernimmt, besteht eine selbständige Tätigkeit, die auf

---

[49] Damrau, FS Mühl, 123 (130); Soergel-Damrau, § 1835 Rz 15; Ziegltrum, S. 155

die Erzielung von Einnahmen gerichtet ist. Sie hat mehrere Handlungen unter Ausnutzung derselben Gelegenheit oder derselben dauernden Verhältnisse zum Gegenstand oder ist darauf angelegt. Der Rechtsanwalt wird somit "nachhaltig" tätig, § 2 Abs.1 S.3 UStG und ist Unternehmer im Sinne des UStG. Die vom Nachlaßgericht bewilligte und aus dem Nachlaß gezahlte Vergütung ist umsatzsteuerbar gemäß § 1 Abs.1 Nr 1 UStG.

b) Der wegen seiner beruflichen Qualifikation zum Nachlaßpfleger berufene Rechtsanwalt ist dagegen primär als Rechtsanwalt tätig. Er erhält eine Vergütung für diese Tätigkeit nach den Grundsätzen der BRAGebO. Hauptsächlich erzielt er die Gewinne aus diesem Beruf und nicht, wie der "Berufsnachlaßpfleger" aus der Führung von Nachlaßpflegschaften.

aa) Eine Besteuerung der dem Rechtsanwalt für die Nachlaßpflegertätigkeit gewährte Vergütung setzt voraus, daß die Tätigkeit beruflich ausgeübt wird, die Führung dieses Amtes im Rahmen der anwaltlichen Berufsausübung erfolgt. Grundsätzlich ist der Rechtsanwalt gemäß § 3 Abs.1 BRAO der berufene unabhängige Vertreter und Berater in allen Rechtsangelegenheiten. Es besteht ein Rechtsberatungsmonopol der Rechtsanwälte.

Die Übernahme von Vormundschaften, Nachlaßpflegschaften etc. ist jedoch eine Staatsbürgerpflicht gemäß §§ 1836 Abs.1 Nr 1, 1785 BGB, die nicht dem Rechtsanwaltsberuf vorbehalten ist. Wird ein Rechtsanwalt zum Nachlaßpfleger berufen, so erfolgt dies in der Regel auf Grund seiner besonderen beruflichen Kenntnisse. Er soll in Ausübung seines Berufes die Interessen und Rechte der zukünftigen Erben vertreten. Es wird sich in diesen Fällen gehäuft um Tätigkeiten handeln, für die ein Laie grundsätzlich einen Anwalt hätte beauftragen können und müssen. Eine Aufteilung dieser Aufgaben nach nachlaßpflegschaftlichen und reinen eigennützigen zu seinem Beruf als Rechtsanwalt gehörigen Handlungen ist sowohl praktisch als auch theoretisch unmöglich. Die durch einen Rechtsanwalt als Nachlaßpfleger vorgenommenen Tätigkeiten hängen - wenn auch nur mittelbar[50] - eng mit dem Beruf zusammen, so daß grundsätzlich die Tätigkeit "im Rahmen des Unternehmens" im Sinne des § 1 Abs.1 UStG ausgeübt wird und es sich somit um eine steuerbare sonstige Leistung gemäß § 1 Abs.1 Nr 1 UStG handelt. Eine derartige weite Auslegung des Begriffs "im Rahmen des Unternehmens" in § 1 Abs.1 Nr 1 UStG ergibt sich auch bereits aus der unbestrittenen Einbeziehung der Neben-

---

50 Dies genügt für die Steuerpflicht: LG Mönchengladbach, NJW 1971, 146; Rau/Dürrwächter/Flick/Geist-Gieberts, § 2 Abs 1 und 2 Rz 159,178

und Hilfsgeschäfte in die Umsatzsteuerpflicht.[51] Insofern ist die Tätigkeit eines Rechtsanwaltes, der eine Nachlaßpflegschaft auf Grund seiner Qualifizierung ausübt, wie ein "Berufsnachlaßpfleger" grundsätzlich als eine umsatzsteuerbare sonstige Leistung zu beurteilen.[52]

bb) Die dem Rechtsanwalt vom Nachlaßgericht bewilligte Vergütung für seine gemäß § 1836 Abs.1 S.1 BGB ehrenamtliche Tätigkeit könnte aber gemäß § 4 Nr 26 b UStG umsatzsteuerfrei sein. Danach sind als Umsätze in Sinne von § 1 Abs.1-Abs.3 UStG steuerfrei, die auf Grund einer ehrenamtlichen Tätigkeit erzielt wurden, "wenn das Entgelt für diese Tätigkeit nur in Auslagenersatz und einer angemessenen Entschädigung für Zeitversäumnis besteht." Durch diese beiden Begriffe erhält die Vorschrift eine gewisse Einschränkung, um ihrem Ausnahmecharakter gerecht zu werden und eine mißbräuchliche Inanspruchnahme der Steuerbefreiung zu verhindern.[53]

Der Nachlaßpfleger erhält gemäß §§ 1836 Abs.1 S.2, 1915 Abs.1, 1960, 1962 BGB eine Vergütung als Entschädigung für die Müheverwaltung und die Dienst- und Zeitversäumnis, die vom Nachlaßgericht in pflichtgemäßer Ausübung seines Ermessens festgesetzt wird. Bewertungskriterien sind die Billigkeitsgesichtspunkte wie Höhe des Nachlaßvermögens, Umfang und Bedeutung der Geschäfte, Tätigkeitsaufwand etc.[54] Gemäß § 4 Nr 26 b UStG ist eine Tätigkeit aber *nur* steuerfrei, wenn das Entgelt ausschließlich im Auslagenersatz und einer angemessenen Entschädigung *für Zeitversäumnis* besteht. Außerdem handelt es sich durch die Bewilligung einer Vergütung nicht ausschließlich um eine ehrenamtliche Tätigkeit im engeren Sinne, d.h. um ein unentgeltlich zu führendes Amt. Es fehlt, insbesondere in den Fällen der "Berufsnachlaßpflegschaft", an dem Nichtvorliegen eines eigennützigen Strebens nach Erwerb aus dieser Tätigkeit. Eine Steuerbefreiung gemäß § 4 Nr 26 b UStG kommt somit nicht in Betracht. Die Tätigkeit des Rechtsanwalts-Nachlaßpflegers bzw. des "Berufsnachlaßpflegers" ist somit eine umsatzsteuerbare und umsatzsteuerpflichtige Leistung.[55]

---

51 Rau/Dürrwächter/Flick/Geist-Gieberts, aaO Rz 159-178; Bunjes/Geist-Bunjes, § 2 Anm 26, 39
52 RFH RSTBl 1933, 1215; BGH NJW 1975, 210; LG Berlin NJW 1970, 1462, KG RPfl 1973, 24; Schmidt, RPfl 1969, 229; Chemnitz, AnwBl 1971, 146
53 Sölch/Ringleb/List-List, § 4 Nr 25 Rz 17; Hartmann/Metzenmacher, E § 4 Nr 26 Rz 19
54 Siehe A II 3 b
55 Vfg. OFD Berlin USTR 1970, 104; RFH RSTBl 1933, 1215; LG Berlin NJW 1970, 1462; KG RPfl 1973, 24; Weiss, USTR 1981, 78 (79); Rau/Dürrwächter/Flick/Geist-Geist, § 4 Nr 26 Anm 40; Sölch/Ringleb/List-List, § 4 Nr 26 Rz 19

IV. Die Umsatzsteuer

c) Die Umsatzsteuer beträgt nach der ersatzlosen Streichung des § 12 Nr 5 UStG[56] durch Art 36 Nr 3 a des zweiten Haushaltsstrukturgesetz vom 22.12 1981[57] ab 1.Juli 1983 nach der Änderung des UStG in der Fassung vom 26.11.1979[58] durch das Haushaltsbereinigungsgesetz von 1983[59] gemäß § 12 Abs.1 UStG für jeden steuerpflichtigen Umsatz 14 % der in §§ 10, 11, 25 Abs.3 UStG normierten Bemessungsgrundlage.

2. Abwälzung der Umsatzsteuer für die Vergütung auf die Erben

Diese vom als Nachlaßpfleger tätigen Rechtsanwalt oder dem "Berufsnachlaßpfleger" für die erhaltene Vergütung an das Finanzamt abzuführende 14 % Umsatzsteuer bewirkt auf den ersten Blick, daß der Nachlaßpfleger von der ihm bewilligten bzw. von den Erben gezahlten Summe 14 % abführen muß. Er erhielte z.B. bei einer Vergütung von 10.000 DM nur 8.600 DM für eine Tätigkeit, die das Nachlaßgericht mit 10.000 DM bewertet hatte. Er müßte im Ergebnis die Umsatzsteuerschuld tragen. Ein Abwälzung auf den/die Erben erfolgt nicht, d.h. der Nachlaßpfleger kann von dem zukünftigen Erben die Umsatzsteuer nicht selbst als Vergütung ersetzt verlangen, denn die Nachlaßpflegschaft wird grundsätzlich ehrenamtlich geführt und der Vergütungsanspruch entsteht erst und allein durch die Bewilligung durch das Nachlaßgericht. Ausschließlich dieses ist befugt, die Vergütung und deren Höhe festzusetzen. Weist das Gericht die Umsatzsteuer in ihrer Vergütungsfestsetzung nicht ausdrücklich aus, so kann der Nachlaßpfleger nicht von sich aus eine Erhöhung durch die Überwälzung der Umsatzsteuer bestimmen, insbesondere da in dem UStG keine gesetzliche Abwälzungsvorschrift normiert ist.

Auch aus § 14 UStG, der Ausweisung der Umsatzsteuer bei der Aufstellung von Rechnungen,[60] läßt sich mangels einer Verpflichtung zur detaillierten Aufstellung mit Darlegung der enthaltenen Umsatzsteuer, kein Anhaltspunkt für die Abwälzung der Umsatzsteuer ersehen. Die entsprechende Anwendung des § 25 Abs.2 1.HS BRAGebO, wonach der Rechtsanwalt einen Anspruch

---

56 Nach § 12 Abs.2 Nr 5 UStG 1967 war der Steuersatz für Leistungen aus Tätigkeiten als Angehöriger eines freien Berufes im Sinne von § 18 Abs.1 Nr 1 ESTG um die Hälfte des "Normalsteuersatzes" reduziert.
57 BGBl 1981 I S. 1525 (1553); BSTBl 1982, I S. 235
58 BGBl 1979 I S. 1953
59 BGBl 1982 I S. 1857
60 Vergl. dazu: KG RPfl 1973, 2425; LG München I Beschluß v.14.7.1972 AZ: 13 T 430/71 unveröffentlicht

auf Ersatz der auf seine Vergütung entfallende Umsatzsteuer hat, entfällt in diesen Fällen gemäß § 1 Abs.2 BRAGebO.[61] Der Nachlaßpfleger hat somit seine Umsatzsteuer, als persönliche Steuer, selbst von seiner Vergütung zu entrichten.

Gegen diese Folge spricht aber der heutige - nach der Änderung von 1967[62] - Sinn und Zweck der Umsatz- bzw. Mehrwertsteuer. Diese Steuer stellt eine sog. Nettoallphasensteuer dar, d.h. es erfolgt in der Unternehmerkette eine offene Steuerüberwälzung, mit dem Recht des Vorsteuerabzuges. Dies führt im Ergebnis zu einer Besteuerung der Ware für den Endkunden. Nur dieser hat einen bestimmten Prozentsatz (zur Zeit 14 %) des Nettoentpreises zu zahlen.

Die Pflicht des Nachlaßpflegers, seine Umsatzsteuer von der festgesetzten Vergütung abzuziehen, ohne sie von dem Erben zurückverlangen zu können, steht aber zu den obigen Grundsätzen in Widerspruch. In diesem Fall trifft nicht den Endkunden der Leistung, die zukünftigen Erben, die Steuerschuld, sondern den Unternehmer. Er erhält eine um den Umsatzsteuersatz reduzierte Vergütung für eine Tätigkeit, für die ein nicht dem UStG unterliegender Nachlaßpfleger einen wesentlich höheren (um die Umsatzsteuer erhöhten) Betrag verlangen kann. Da es sich bei den Tätigkeiten des Pflegers um Leistungen handelt, die dem Vermögen des Pfleglings, der zukünftigen Erben, zugute kommen, muß der Zweckrichtung des UStG zufolge eine Abwälzung der Umsatzsteuer auf das Nachlaßvermögen erfolgen. Eine solche Übertragung der Umsatzsteuer auf die Erben bzw. das Mündel wird in der Rechtsprechung und der Literatur über unterschiedliche Wege erreicht.

a) Das OLG Hamburg[63] befürwortet eine Erstattung im Wege des Aufwendungsersatzes gemäß § 1835 BGB. Danach stellt die Umsatzsteuer eine Leistung dar, die sich unmittelbar aus der Führung der Nachlaßpflegschaft/Vormundschaft ergibt. Sie ist eine zwangsläufige Folge im Interesse des Mündels und demzufolge über § 1835 BGB erstattungsfähig. Hierbei wird aber nicht berücksichtigt, daß die Nachlaßpflegschaft grundsätzlich unentgeltlich zu füh-

---

61 Vergl. zur generellen Unanwendbarkeit der BRAGebO auf die Vergütung der Nachlaßpfleger, Vormünder etc.: C II 2 a

62 BGBl 1967 I S. 545. Bis 1967 galt das System einer sog. Bruttoallphasensteuer. Dieses beinhaltete eine Kumulation der Besteuerung. Jeder Umschlag derselben Ware wurde der Umsatzsteuer unterworfen, so daß der vorher bereits versteuerte Einkaufspreis der Vorbezüge erneut besteuert wurde.

63 NJW 1972, 1472

ren ist und nur im Einzelfall eine Vergütung gewährt wird. Zwar werden vom BGH in seiner Entscheidung vom 22.11.1974[64] auch solche Ausgaben als erstattungsfähig im Sinne von § 1835 BGB angesehen, die nicht unmittelbar schon zum Zwecke der Führung des Amtes getätigt wurden, sondern erst als notwendige Folge entstanden sind. Aber sie müssen mit der Führung in einem untrennbaren Zusammenhang stehen und gerade im Interesse des Mündels, der zukünftigen Erben, durchgeführt sein. Bei der Umsatzsteuer handelt es sich um eine Folge der Übernahme eines derartigen Amtes, es fehlt jedoch an einer die Führung der Vormundschaft bzw. Nachlaßpflegschaft betreffenden Zweckrichtung. Sie trifft den Pfleger nur auf Grund der ihm "ausnahmsweise" bewilligten Vergütung. Die Umsatzsteuer lastet nicht auf dem Nachlaß, sondern stellt eine persönliche Schuld des Nachlaßpflegers dar, die er durch die in seinem Interesse liegende Bewilligung einer Vergütung zahlen muß. Außerdem ist es nicht Sinn und Zweck des Aufwendungsersatzes gemäß § 1835 BGB, dem Vormund seine Vergütung ungeschmälert durch öffentliche Lasten zu erhalten. Ein Ersatz der Umsatzsteuer über den Aufwendungsersatzanspruch gemäß §§ 1835, 1915 Abs.1, 1962, 1960 BGB scheidet somit aus.[65]

b) Eine Abwälzung der Umsatzsteuer auf den zukünftigen Erben bzw. das Mündel kann somit nur über die Vergütung erfolgen. Dieses Ergebnis führt zu dem Problem über die Art und Weise der Berücksichtigung der Steuer. Kann der Nachlaßpfleger die Steuer auf die vom Nachlaßgericht festgesetzte Vergütung "selbsttätig" aufschlagen, oder hat das Gericht diese bereits bei der Festsetzung der Höhe der Vergütung mit zu beachten?

aa) Von der herrschenden Meinung in der Rechtsprechung und Literatur wird Letzteres mit der Begründung der Bindung der Höhe der Vergütung lediglich an die Billigkeit,[66] § 1836 Abs.1 S.2,3 BGB, bejaht.[67] Das Nachlaßgericht hat die Umsatzsteuer als Billigkeitsgesichtspunkt, wie z.B. die Höhe des Nachlaßvermögens oder den Tätigkeits- und Zeitaufwand zu berücksichtigen.

Der Erbe soll sich auf die vom Gericht festgesetzte Vergütung verlassen dürfen. Sie vergleichen die Vergütung des Nachlaßpflegers mit einem in ei-

---

64 NJW 1975, 210
65 LG Berlin NJW 1970, 1462; OLG Hamm, NJW 1972, 2038 (2039); KG RPfl 1973, 24 (25); Soergel-Damrau, § 1836 Rz 7
66 A II 3, 2
67 KG RPfl 1973, 24 (25); OLG Hamm NJW 1972, 2038 (2039); LG München I Beschluß v. 14.7.1972 AZ: 13 T 430/71 nicht veröffentlicht; MK-Schwab, § 1835 Rz 10; Behr/Weber/Frohn-Weber, S. 43; Bobenhausen, RPfl 1988, 175 (178)

nem zivilrechtlichen Vertrag *vereinbarten* Preis. Danach umfaßt dieser Betrag alles, was der Besteller, Käufer etc. aufwenden muß, um seine Ware zu erhalten. Wie sich diese Vergütung zusammensetzt, welche Grundlagen für die Festsetzung - für den Vertragspartner - von Bedeutung waren, ist für den Besteller in der Regel ohne Belang.[68]

bb) Diese Parallele zu einer zivilrechtlichen *Vereinbarung* übersieht aber, daß es sich bei der Vergütung eines Nachlaßpflegers nicht um einen zwischen ihm und den zukünftigen Erben übereinstimmend festgelegten Betrag handelt. Der Erbe erhält vom Pfleger eine Rechnung, die einen bestimmten Wert ausweist, der vom Nachlaßgericht festgesetzt wurde. Das Mündel erfährt in der Regel nicht, auf Grund welcher Billigkeitsgesichtspunkte dieser zustande gekommen ist. Diese Vergütung ist daher eher mit den gesetzlich normierten Vergütungsrichtlinien, als mit einer Vereinbarung zwischen den Parteien zu vergleichen. So beinhaltet z.B. die BRAGebO in § 25 Abs.2 eine Regelung, wonach der Rechtsanwalt Anspruch auf Ersatz der auf seine Vergütung entfallende Umsatzsteuer hat. Dasselbe gilt für die AllGO der Steuerberater, wie bei den Gebühren der Wirtschaftsprüfer nach der Düsseldorfer Gebührenordnung. Auch im Gesetz über die Kosten in Angelegenheiten der freiwilligen Gerichtsbarkeit (KostO) ist in § 151 a wie in § 8 Abs.1 Nr 3 des Gesetzes über die Entschädigung von Zeugen und Sachverständigen (ZSEG) eine Möglichkeit der Abwälzung der Umsatzsteuer enthalten. Ebenfalls die Honorarordnung für Architekten und Ingenieure (HOAI) stellt in § 9 Abs.2 ausdrücklich klar, daß die auf die Kosten von Objekten entfallende Umsatzsteuer nicht Bestandteil der anrechenbaren Kosten, d.h. des berechneten Honorars und der Nebenkosten ist.[69] Mangels einer ausdrücklichen Regelung in der Gebührenordnung für Ärzte[70] und Zahnärzte (GOÄ) bzw. durch die Bestimmung der einzelnen Gebühren sind auch diesen Vergütungen die Umsatzsteuer aufzuschlagen.

Lediglich gemäß § 4 Abs.5 der VergVO für Konkursverwalter ist auf den ersten Blick bestimmt, daß die von den Konkursverwaltern zu zahlende Umsatzsteuer in ihrer Vergütung enthalten ist. Die steuerliche Behandlung der Vergütung der Konkursverwalter ist durch die Regelung des § 4 Abs.5 VergVO unterschiedlich. Sie hängt gemäß § 4 Abs.5 S.1,2 VergVO davon ab,

---

[68] BGH NJW 1972, 677; BGH WM 1973, 677 (678); Soergel-Wolf, § 157 Rz 83; RGRK-Glanzmann, § 631 Rz 18; vergl. zum Ganzen: Grimme, § 10 S. 178-192
[69] Vergl.: Pott/Dahlhoff, § 9 Rz 1; Schaetzell, B § 9 Anm 2; Locher/Keoble/Frick, § 9 Rz 3
[70] BGBl 1982 I S. 1522

ob der Konkursverwalter 14 % oder nur 7 % Umsatzsteuer zu zahlen hat. Diese Differenzierung hat ihren Ursprung in der Reduzierung des Steuersatzes gemäß § 12 Abs.2 Nr 5 UStG für Angehörige eines freien Berufes im Sinne von § 18 Abs.1 Nr 1 ESTG. Bis zur Streichung des § 12 Abs.2 Nr 5 UStG war es umstritten, ob die Konkursverwalter dem ermäßigten Steuersatz des § 12 Abs.2 UStG unterliegen, da sie nicht in der Aufzählung des § 18 Abs.1 Nr 1 ESTG genannt sind.[71] Diese Steitfrage erübrigte sich, nachdem auch die Angehörigen der freien Berufe dem hohen Steuersatz von zur Zeit 14 % unterliegen. Die Differenzierung in § 4 Abs.5 VergVO besitzt danach nur noch einen sehr geringen Anwendungsbereich. Lediglich in den Fällen, in denen z.B. Zahnärzte, Tierzüchter oder Künstler zu Konkursverwaltern bestellt werden, kommt der ermäßigte Steuersatz zur Geltung. Da in der Regel jedoch Rechtsanwälte, Notare, Wirtschaftsprüfer etc. vom Gericht gemäß § 78 KO als Konkursverwalter beauftragt werden,[72] entfällt die Aufteilung der Steuersätze auf Grund der Streichung des § 12 Abs.2 Nr 5 UStG. § 4 Abs.5 S.2 UStG stellt in dem derzeitigen Zusammenspiel von VergVO und UStG die Regel, § 4 Abs.5 S.1 UStG die Ausnahme bei der Besteuerung dar. Eine Abänderung des § 4 Abs.5 UStG durch die Streichung des § 12 Abs.2 Nr 5 UStG vom 22.12.1981 ist vom Gesetzgeber noch nicht erfolgt. Diese geltende Vorschrift führt für den Konkursverwalter bzw. das Gericht zu einer "umständlichen", komplizierten Regelung bei der Berechnung der Vergütung. Um dem Konkursverwalter die Möglichkeit der Nachforderung der Hälfte des Umsatzsteuersatzes im Sinne von § 12 Abs.1 UStG, § 4 Abs.5 S.2 VergVO zu gewähren, ist zunächst der Nettobetrag, die Vergütung abzüglich der Hälfte der Umsatzsteuer, zur Zeit 7 %, zu ermitteln. Diese Nettovergütung kann der Konkursverwalter um 14 % erhöhen. Diese "umständliche" Regelung des § 4 Abs.5 VergVO stellt im Bezug zu den anderen gesetzlichen Vergütungsrichtlinien eine Vorschrift dar, die bezüglich der häufigen Änderung des Umsatzsteuergesetzes unflexibel und daher als Ausnahme nicht auf andere Sachverhalte übertragbar ist.

Die vom Konkursverwalter zu entrichtende Umsatzsteuer ist, wie bei den Rechtsanwälten, Wirtschaftsprüfern, Steuerberatern, Architekten u.s.w. somit

---

71 Für den ermäßigten Steuersatz: FG Niedersachsen, EFG 1978, 516; LG München I KTS 1970, 60 (61); Niethammer, KTS 1973, 56 (56/57); Heilmann, KTS 1980, 227; Berwanger, BB 1981, 660. Gegen die Ermäßigung, d.h. für die Versteuerung nach dem Regelsatz des § 12 Abs.1 UStG auf Grund der Nichtzugehörigkeit des Konkursverwalters zum Beruf des Rechtsanwalts etc. im Sinne von § 18 Abs.1 Nr 1 ESTG Schreiben des BMWF v. 23.10.1972 BStBl I 1972, 547; Bilsdorfer, ZIP 1980, 93; Bunjes/Geist-Geist, § 12 Abs.2 Nr 5 Anl. zu Anm 20; BFH BStBl II 1973, 730 (731) für den Konkursverwalter

72 Verg. AV RJM DJ 1935, 1659; Kuhn/Uhlenbruck, § 78 Rz 2

nicht - ausschließlich - in der Vergütung enthalten. Es handelt sich auch bei der Konkursverwalter-Vergütung eines Rechtsanwalts nicht um eine reine Bruttovergütung.[73] Der obige Vergleich mit anderen Vergütungsrichtlinien[74] zeigt also, daß bei den gesetzlich festgelegten Gebühren der Leistende in der Regel seine an das Finanzamt zu zahlende Umsatzsteuer auf die Vergütung aufschlagen kann.

Da es bezüglich der Nachlaßpfleger bzw. Vormünder an einer derartigen Regelung fehlt, ist in Anlehnung an diesen Grundsatz auch in diesem Fall ein Aufschlag auf die vom Gericht festgesetzte Vergütung zu bejahen. Diese Regelung ist auch insofern zu befürworten, als das Nachlaßgericht bei Berücksichtigung der Umsatzsteuer bei seiner Vergütungsfestsetzung die Steuerpflicht des Nachlaßpflegers genau kennen müßte. Es hätte zu prüfen, ob der Pfleger umsatzsteuerpflichtig nach §§ 1, 3 UStG ist, oder ob seine als sonstige Leistungen zu bezeichnende Tätigkeit unter die Steuerbefreiungs- bzw. -reduzierungstatbestände der §§ 4, 12 Abs.2, 19 UStG fallen. Diese oftmals schwierige und umfangreiche Prüfung obliegt nicht dem Nachlaßgericht. Selbst die Berücksichtigung dieser Steuersätze würde dazu führen, daß das Nachlaßgericht zunächst die Vergütung ohne Steuer festsetzt und dann den gesetzlich festgelegten Steuersatz hinzuaddiert. Dies widerspricht aber dem Sinn und Zweck der Vergütung als ein im Ermessen des Nachlaßgerichts stehender für den Einzelfall festgelegter Betrag.

Diesem Gegensatz begegnen die Anhänger der Berücksichtigung im Rahmen eines Billigkeitsgesichtspunktes[75] zwar auch, indem sie die Umsatzsteuer gerade als Bemessungsfaktor ansehen, aber die Festsetzung der im UStG festgelegten prozentualen Beträge kann nicht in das wenn auch pflichtgemäße Ermessen des Gerichts gestellt werden. Ist ein Nachlaßpfleger oder Vormund mit seiner Tätigkeit umsatzsteuerpflichtig, so hat er 14 % Umsatzsteuer an das Finanzamt abzuführen, unabhängig davon in welcher Höhe dieser bei der Bemessung der Vergütung in diese mit eingegangen ist.

Die direkte Ausweisung der Umsatzsteuer entspricht auch dem Interesse des Mündels, soweit die Verwaltung Unternehmensvermögen betrifft. Nur bei der gesonderten Ausweisung der Mehrwertsteuer in der Rechnung des Vor-

---

[73] A.A. Vfg. OFD Düsseldorf v. 13.2 1984, ZIP 1984, 640: Der Konkursverwalter darf die auf seine Vergütung entfallende Umsatzsteuer grundsätzlich nicht zusätzlich beanspruchen.
[74] Siehe oben
[75] KG RPfl 1973, 24 (25); OLG Hamm NJW 1972, 2038 (2039); LG München I Beschluß v. 14.7.1972 AZ: 13 T430/71 unveröffentlicht:; MK-Schwab, § 1835 Rz 10

munds kann dieser gemäß §§ 14, 15 UStG die Vorsteuer abziehen. Aber auch in den Fällen, in denen der Erbe nicht vorsteuerabzugsberechtigt ist, wird diese Regelung dem Sinn und Zweck des Umsatzsteuergesetzes, der Überwälzung der Mehrwertsteuer auf den Endverbraucher gerecht. Aus diesen Gründen ist der Nachlaßpfleger berechtigt und verpflichtet, in der dem Erben aufgestellten Rechnung auf die ihm vom Nachlaßgericht bewilligte Vergütung die Umsatzsteuer aufzuschlagen. Nach dem obigen Beispiel erhält der Nachlaßpfleger von den Erben 10.000 DM plus 14 % Mehrwertsteuer, d.h. 1.400 DM, also 11.400 DM. Davon hat der Pfleger jedoch 1.400 DM an das Finanzamt als Umsatzsteuer abzuführen, so daß er, wie der nicht umsatzsteuerpflichtige Nachlaßpfleger, für die gleiche Tätigkeit 10.000 DM erhält.

3. Die Umsatzsteuer für die Aufwendungen

a) Der umsatzsteuerpflichtige Nachlaßpfleger bzw. Vormund, der von den Erben/Mündel für Aufwendungen im Rahmen der Führung des Amtes Ersatz verlangen kann, muß diesen wie die erhaltene Vergütung versteuern. Eine Steuerpflicht entfällt nur in den Fällen, in denen es sich um Beträge handelt, die ein Unternehmer im Namen und für Rechnung eines anderen vereinnahmt und verausgabt (vergl. § 10 Abs.1 S.4 UStG).[76] D.h. der Unternehmer handelt lediglich als Mittelsperson zwischen Gläubiger und Schuldner des jeweils gezahlten Betrages.[77] Zwar wird der Nachlaßpfleger meist für Rechnung der Erben tätig, aber die umsatzsteuerfreien sog. durchlaufenden Posten setzen weiterhin das Handeln in fremdem Namen voraus, das nicht gegeben ist, wenn der Zahlungsempfänger den verauslagten Betrag vom Unternehmer selbst fordern kann.[78] In der Regel wird der Nachlaßpfleger bei reinen Aufwendungen, wie z.B. Porto-, Telefon-, Fotokopier- und Fahrtkosten, gegenüber dem Vertragspartner nicht im Namen des unter Umständen unbekannten zukünftigen Erben auftreten, so daß es sich nicht um durchlaufende Posten im Sinne von § 10 Abs.1 S.4 UStG handelt.

b) Diese für den Aufwendungsersatz anfallende Umsatzsteuer in Höhe von derzeit 14 %[79] hat der Nachlaßpfleger an das Finanzamt abzuführen.

---

[76] Buntjes/Geist-Geist, § 10 Anm 8
[77] BFH BStBl III 1967, 377 (378)
[78] BFH BStBl III 1967, 377 (378); Buntjes/Geist-Geist, § 10 Rz 8; KG RPfl 1983, 150
[79] Siehe C IV 1 c

c) Hier ergibt sich wie bei der Vergütung das Problem, ob der Aufwendungsersatz gemäß §§ 1835, 670 BGB auch die auf die Auslagen entfallende und von ihm abzuführende Umsatzsteuer umfaßt. Unter den Begriff der Aufwendungen im Sinne von § 670 BGB fallen Vermögensopfer, die der Beauftragte zum Zwecke der Ausführung des Auftrages entweder freiwillig oder auf Weisung des Auftraggebers getätigt hat. Daneben sind auch solche Vermögenseinbußen erstattungsfähig, die sich als notwendige Folge der Ausführung ergeben, d.h., die in untrennbarem Zusammenhang mit dem Auftrag und dem Vermögensopfer stehen. Abweichend von der Steuerbelastung bezüglich der Vergütung, die mangels untrennbaren Zusammenhanges nicht über §§ 1835, 670, 1915 Abs.1, 1960, 1962 BGB dem Nachlaßpfleger zu ersetzen ist, ist die auf den Aufwendungen lastende Umsatzsteuer eng mit dieser verbunden.[80] Sie sind zwar nicht zur Führung des Auftrages erfolgt, aber auf der anderen Seite liegt kein durch Zufall entstandener "Schaden" vor. Dieses Ergebnis entspricht auch dem Sinn und Zweck des Aufwendungsersatzes des Vormundes bzw. Nachlaßpflegers, der durch die grundsätzlich bestehende Pflicht zur Annahme einer Vormundschaft keine finanziellen Nachteile erleiden sollen. Müßte der Nachlaßpfleger die Umsatzsteuer für seine zur Führung des Amtes getätigten Aufwendungen aus dem erhaltenen Ersatzbetrag zusätzlich entrichten, so würde der Aufwendungsersatzanspruch im Sinne von §§ 1835, 670, 1915 Abs.1, 1960, 1962 BGB leerlaufen.

Ergebnis

Infolgedessen kann der Nachlaßpfleger von dem zukünftigen Erben "neben" der vom Nachlaßgericht festgesetzten Vergütung und dem Aufwendungsersatz die darauf entfallende Vergütung verlangen, d.h. er ist berechtigt, sich auch diese aus dem zu verwaltenden im seinem Besitz befindlichen Bargeld-Vermögen zu entnehmen.

---

[80] RGZ 75, 208 (212) ; KG RPfl 1983, 150; BGH WM 1978, 115 (118); Staud.-Wittmann, § 670 Rz 22; Palandt-Thomas, § 670 Anm 2 a; MK-Seiler, § 670 Rz 8

Gesamtergebnis

Die Nachlaßpflegschaft ist gemäß §§ 1836 Abs.1, 1915 Abs.1, 1960, 1962 BGB ein grundsätzlich unentgeltlich zu führendes Ehrenamt mit einem Recht auf Aufwendungsersatz und der Möglichkeit einer Vergütung, §§ 1835, 1836 Abs.1 S.2, 1915 Abs.1, 1960, 1962 BGB. Diese im Gesetz als Ausnahme normierte Vergütungsbewilligung stellt aber heutzutage auf Grund der wirtschaftlichen Lage des Einzelnen und der gesamten ökonomischen Struktur die Regel dar.

Die Vergütung ist durch das Nachlaßgericht nach Billigkeitsgesichtspunkten in pflichtgemäßem Ermessen festzusetzen. Auch die Höhe ist in jedem Einzelfall gesondert zu bestimmen. Es bestehen grundsätzlich für den Rechtspfleger, §§ 3 Nr 2 b, 14, 16 Abs.1 Nr 1 RPflG, keine bindenden Werte oder Prozentsätze. Jedoch liegt bezüglich der Festsetzung der Vergütung eine Vergleichbarkeit des Testamentsvollstreckers und des Nachlaßpflegers nahe. Infolgedessen kann der Rechtspfleger als Entscheidungshilfe die für den Testamentsvollstrecker von Möhring 1981 entwickelten Vergütungsgrundsätze heranziehen. Dabei ist jedoch zu beachten, daß jede Bewilligung und Höhe der Vergütung im Einzelfall zu entscheiden ist. Durch die Übernahme der Prozentsätze der Testamentsvollstrecker-Vergütung darf diese Ermessensentscheidung nicht leerlaufen. Den nach der Festsetzung bestehenden Anspruch auf Vergütung und den gesetzlichen Aufwendungsersatzanspruch gemäß §§ 1835, 1915 Abs.1, 1960, 1962 BGB kann der Nachlaßpfleger, der Sicherungspfleger nach § 1960 Abs.2 BGB, sich aus dem von ihm zu verwaltenen Bar-Nachlaßvermögen selbst befriedigen. Eine Entnahme von Nachlaßgegenständen ist ihm aber auf Grund des Sinn und Zwecks der Nachlaßpflegschaft, der Sicherung und Erhaltung des Nachlasses für den zukünftigen Erben, verwehrt. Durch diese "Selbstbefriedigung" des Nachlaßpflegers besteht die Möglichkeit einer Vorabentnahme mit der Gefahr des Mißbrauchs. Daher stellt sich insbesondere die Frage einer Reihenfolge der Befriedigung im Verhältnis zu den übrigen Nachlaßgläubigern. Eine Reihenfolge ist jedoch weder ausdrücklich gesetzlich normiert, noch über die Ausle-

Gesamtergebnis:

gung bzw. Analogie einer gesetzlichen Vorschrift zu erhalten. In argumentum e contrario läßt sich grundsätzlich keine Pflicht zur besonderen Berücksichtigung der übrigen Nachlaßgläubiger aufstellen. Vielmehr ergibt sich für den Nachlaßpfleger die Möglichkeit sich - dem Sinn und Zweck der Nachlaßpflegschaft entsprechend - jederzeit in dem gesteckten Rahmen aus dem Nachlaß zu befriedigen. Diese Folge läßt sich darüberhinaus auch auf das Prioritätsprinzip und den Sinn und Zweck der §§ 1978, 1979 BGB stützen. Letztere sollen den Erben, bzw. den Nachlaßpfleger als seinen gesetzlichen Vertreter, vor unbilligen Härten bei der Berücksichtigung seiner Aufwendungen schützen und durch die besonderen Voraussetzungen der Schuldentilgung den Interessen der Nachlaßgläubiger gerecht werden.

Abgesehen von dieser Möglichkeit der jederzeitigen Befriedigung während der Ausübung seines Amtes steht dem Nachlaßpfleger bei Beendigung seiner Aufgaben gegenüber dem Herausgabeanspruch des Erben, §§ 1890, 1915 Abs.1, 1960, 1962 BGB bezüglich der Nachlaßgegenstände ein Zurückbehaltungsrecht gemäß § 273 Abs.1 BGB zu. Dieses grundsätzlich nur inter-partes wirkende "Sicherungsrecht" hat aber auch mittelbar Auswirkungen auf die übrigen Nachlaßgläubiger. Zu ihrer Befriedigung steht dem Erben nur ein Teil des Nachlasses zur Verfügung. Eine Einschränkung der jederzeitigen Entnahmemöglichkeit besteht lediglich bei dinglich gesicherten Nachlaßgläubigern, so z.B. für den Vermieter. Sein Pfandrecht bezüglich der sich in den Mieträumen befindlichen Gegenständen bleibt auch trotz des Todes des Mieters bestehen. Lediglich die Bezugsperson für die Feststellung der Pfändbarkeit gemäß §§ 559 S.3 BGB, 811 f ZPO ändert sich, da diese Pfändbarkeit zum Zeitpunkt der Geltendmachung des Pfandrechts vorliegen muß. Mangels derzeitigen Bedürfnisses des Erblassers ist nach dessen Tod somit auf den in seine Pflichten- und Rechtsstellung gemäß §§ 1922, 1967 BGB eintretenden Erben abzustellen. Dieses im Grunde nach unveränderte Recht des Vermieters darf durch die Anordnung einer Nachlaßpflegschaft nicht reduziert werden. Der Nachlaßpfleger hat derartig gesicherte Ansprüche bei seinem Zugriff auf den Nachlaß zu beachten.

Diese Grundsätze gelten auch für den sogenannten "Berufsnachlaßpfleger" und solche Personen wie Rechtsanwälte, die speziell auf Grund ihrer besonderen Qualifikation zu Nachlaßpflegern bestellt sind. Allerdings sind bei dem Aufwendungsersatz der Zeitaufwand und die anteiligen Bürounkosten zu berücksichtigen. Für deren Höhe hat nach dem BVerfG eine Heranziehung der für die Vergütung von Sachverständigen in dem ZSEG festgelegten Grundsätze zu erfolgen.

Diese dem "Berufsnachlaßpfleger" und auch dem Rechtsanwalt als Nachlaßpfleger zustehende Vergütung und der erhaltenen Aufwendungsersatz sind gemäß § 1 Abs.1 Nr 1,2 UStG mit 14 % zu versteuern. Die Umsatzsteuer kann der Nachlaßpfleger auf die Erben abwälzen. Er hat das Recht sie - wenn die Steuer nicht ausdrücklich in der Vergütungsfestsetzung bzw. bei den Rechnungen für den Aufwendungsersatz enthalten ist - gesondert zu verlangen.

Literaturverzeichnis

Baade, Rudolf: Zur Auswahl der Konkurs- und Vergleichsverwalter; in: KTS 1959, 40 ff

Baumbach, Adolf / Lauterbach, Wolfgang / Albers, Jan / Hartmann, Peter: Zivilprozeßordnung, 47. Aufl. München 1989

Baur, Fritz: Lehrbuch des Sachenrechts, 14. Aufl. München 1987

Behr, Johannes / Weber, Peter / Frohn, Peter: Ermessensfragen und Probleme bei der Einleitung und Führung von Nachlaßpflegschaften, Berlin 1976

Bellinger, Dieter: Die Erbfolge und die Sondererbfolge in das Mietverhältnis, Diss. Köln 1967

Berwanger, Günter: Ermäßigter Umsatzsteuersatz für Konkursverwaltervergütung eines Rechtanwalts, in: BB 1981, 660 ff

Bilsdorfer, Peter: Zur Höhe des Umsatzsteuersatzes bei Rechtsanwälten als Konkursverwalter, in: ZIP 1980, 93 ff

Bley, Erich: Vergleichsordnung, 2. Aufl. Berlin 1955

Bleyer, Joseph: Die Konkursordnung für das deutsche Reich, 3. Aufl. München 1928

Bobenhausen, Dieter: Entschädigung für Vormund und Pfleger, in: RPfl. 1985, 426 ff

- Entschädigung des Berufsvormundes, in: RPfl. 1988, 175 ff

Boehmer, Gustav: Grundlagen der Bürgerlichen Rechtsordnung, 2. Buch 2. Abteilung, Tübingen 1952

Böhle-Stamschräder, Aloys: Vergütung des Konkursverwalters, des Vergleichsverwalters, der Mitglieder des Gläubigerausschusses und der Mitglieder des Gläubigerbeirates, in: KTS 1960, 108 ff

Borgmann, Brigitte / Haug, Karl: Anwaltspflichten, Anwaltshaftung, Frankfurt 1979

Boschan, Siegfried: Ersatz der allgemeinen Geschäftsunkosten des Nachlaßpflegers, in: Recht 1917, 394 ff

Brand, A. / Kleef, Joseph: Die Nachlaßsachen in der gerichtlichen Praxis, 2. Aufl. Berlin 1961

Brockhaus: der große in 12 Bänden, Band 3 / 2, Wiesbaden 1953

Brox, Hans: Erbrecht, 10. Aufl. München 1987

- / Walker, Wolf-D.: Zwangsvollstreckungsrecht, Köln 1986

Buntjes, Johann / Geist, Reinhold: Umsatzsteuergesetz, München 1981

Chemnitz, Jürgen: Anmerkung zum Beschluß des LG Hannover vom 8.2.1971, in: AnwBl 1971, 146 ff

Crome, Carl: System des Deutschen Bürgerlichen Rechts, Erster Band, Tübingen, Leipzig 1900

Damrau, Jürgen: Vergütung und Aufwendungsersatz für den Berufsvormund, in: Festschrift für Otto Mühl, Stuttgart 1981, 123 ff

Dempewolf, Günter: Anmerkung zum Beschluß des LG Düsseldorf vom 6.1.1977, in: DB 1977, 1260 ff

Dütz, Wilhelm: Das Zurückbehaltungsrecht des § 273 Abs.1 BGB bei der Erbauseinandersetzung, in: NJW 1967, 1105 ff

Eickmann, Dieter: Die Vergütung der Insolvenzverwalter, RWS-Skript 144, 2. Aufl. Köln 1987

Emmerich, Hugo: Pfandrechtskonkurrenzen, Berlin 1909

Emmerich, Volker / Sonnenschein, Jürgen: Miete, 3. Aufl. München 1986

Enneccerus, Ludwig / Lehmann, Heinrich: Recht der Schuldverhältnisse, 15. Bearb. Tübingen 1958

Erman, Walter: Handkommentar zum bürgerlichen Gesetzbuche, Band 1,2, 7. Aufl. Münster 1981

Esser, Joseph / Weyers, Hans-Leo: Schuldrecht, Band 2, Besonderer Teil, 6. Aufl. Heidelberg 1984

Firsching, Karl: Nachlaßrecht, 6. Aufl. München 1986

Gerhardt, Walter: Grundbegriffe des Vollstreckungs- und Insolvenzrechts, Stuttgart, Berlin, Köln, Mainz 1985

Gernhuber, Joachim: Familienrecht, 3. Aufl. München 1980

Gerold, Wilhelm / Schmidt, Herbert: Bundesgebührenordnung für Rechtsanwälte, 8. Aufl. München 1984

Glaser, Hugo: Das Honorar des Testamentsvollstreckers, in: MDR 1983, 93 ff

Goldschmidt, Hans: Die Nachlaßpflegschaft, Diss. Berlin 1905

Göttlich, Walter / Mümmler, Alfred: Bundesgebührenordnung für Rechtsanwälte, 15. Aufl. Flensburg 1984

Grimm, Jacob / Grimm, Wilhelm: Deutsches Wörterbuch, Band 1, Leipzig 1854

Grimme, Rainer: Vergütung beim Werkvertrag, Berlin 1987

Grunsky, Wolfgang: Grundzüge des Zwangsvollstreckungs- und Konkursrechts, 3. Aufl. Tübingen 1983

Haase, Richard: Die "der Pfändung nicht unterworfenen Sachen" im Sinne des § 559 S.3 BGB, in: JR 1971, 323 ff

Haegele, Karl: Nachlaßpflegschaft und Nachlaßverwaltung, Regensburg 1955

Hartenstein, Gustav: Immanuel Kant's Werke, Gesamtausgabe in 10 Bänden, Band 10: Schriften zur Anthropologie und Pädagogik, Leipzig 1839

Heck, Philipp: Grundriß des Sachenrechts, Tübingen 1930

Heilmann, Hans: Vergütung des Konkurs- oder Vergleichsverwalters und Umsatzsteuer, in: KTS 1980, 227 ff

Hellmann, Friedrich: Lehrbuch des deutschen Konkursrechts, Berlin 1907

Hellwig, Konrad: Anspruch und Klagerecht, Leipzig 1924 (Nachdruck)

- Lehrbuch des Deutschen Zivilprozeßrechts, Band 1, Leipzig 1903

Hess, Harald / Kropshofer, Birger: Konkursordnung, 2. Aufl. Darmstadt 1985

Hörle: Die Nachlaßpflegschaft nach §§1960, 1961 BGB, in: ZBlFG 9, 751 ff

Höver: Vergütung und Auslagen des Nachlaßpflegers und des Nachlaßverwalters, in: DFG 1940, 9 ff

Hueck, Götz: Der Grundsatz der gleichmäßigen Behandlung im Privatrecht, München, Berlin 1958

Hülsberg, Bruno: Das Pfandrecht des Vermieters nach dem Bürgerlichen Gesetzbuch, Diss. Rostock 1907

Jaeger, Ernst: Konkursordnung, 1. Band §§ 1-70, 8. Aufl. Berlin 1958

- Konkursordnung, 2. Band / 2. Halbb. §§ 208-244, 8. Aufl. Berlin 1973

Jansen, Paul: Freiwillige Gerichtsbarkeit, 1. Band, 2. Aufl. 1969

Jahr, Günter: Die Einrede des Bürgerlichen Rechts, in: JuS 1964, 218 ff

Jauernig, Othmar: Das Bürgerliche Gesetzbuch, 4. Aufl. München 1987

Johannsen: Die Rechtsprechung des BGH auf dem Gebiete des Erbrechts - 9. Teil, in: WM 1972, 914 ff

Joseph, Eugen: Die Selbständigkeit des Vormunds und das Aufsichtsrecht des Vormundschaftsgerichts, in: AcP 97, 108 ff

Keidel, Theodor / Kuntze, Joachim / Winkler, Karl: Freiwillige Gerichtsbarkeit, Teil A, 11. Aufl. München 1978

Keller, Rolf: Das Zurückbehaltungsrecht nach §§ 273 BGB, in: JuS 1982, 665 ff

Kilger, Joachim: Konkursordnung, 15. Aufl. München 1987

Kipp, Theodor / Coing, Helmut: Erbrecht, 13. Bearb. Tübingen 1978

Koeßler: Das Wesen der Nachlaßpflegschaft, in: JherJb 64, 412 ff

Kretschmar: Umfang der Pfändungsbeschränkungen im Nachlaßkonkurse und bei der Herausgabe des Nachlasses an die Nachlaßgläubiger, in: LZ 1914, 363 ff

Kuhn, Georg / Uhlenbruck, Wilhelm: Konkursordnung, 10. Aufl. München 1986

Lange, Heinrich: Denkschrift: Die Regelung der Erbenhaftung, Tübingen 1939

- / Kuchinke, Kurt: Lehrbuch des Erbrechts, 3. Aufl. München 1989

Larenz, Karl: Allgemeiner Teil des Deutschen Bürgerlichen Rechts, 7. Aufl. München 1989

- Methodenlehre der Rechtswissenschaft, 5. Aufl. Berlin, Heidelberg 1983

- Lehrbuch des Schuldrechts, 1. Band Allgemeiner Teil, 14. Aufl. München 1987

- Lehrbuch des Schuldrechts, 2. Band Besonderer Teil / 1. Halbb., 13. Aufl. München 1986

Leipold, Dieter: Erbrecht, 7. Aufl. München 1988

Locher, Horst / Koeble, Wolfgang / Frik, Werner: Kommentar zur HOAI, 4. Aufl. Düsseldorf 1985

Luetgebrune, H.A. / Lotze, W.: Bundesgebührenordnung für Rechtsanwälte, Köln, Berlin 1958

Lübtow, Ulrich von: Erbrecht, Band 2, Berlin 1971

Luther, Gerhard: Rangordnung der Fahrnispfandrechte und des Zurückbehaltungsrechts im Handelsverkehr, Marburg 1939

Martini, Hans: Bundesgebührenordnung für Rechtsanwälte, Flensburg 1958

Maunz, Theodor / Dürig, Günter: Kommentar zum Grundgesetz, Band 1 Art 1-12, München 1987

Medicus, Dieter: Schuldrecht II, Besonderer Teil, 2. Aufl. München 1985

Melsbach: Eine Lücke im Recht der Nachlaßverwaltung, in: DNotZ 1911, 671 ff

Meyer (Hrsg): Großes Taschenlexikon, Band 3 und 6, Mannheim 1983

Mittelstein, Max: Die Miete, 4. Aufl. Berlin 1932

Möhring, Oskar: Vermögensverwaltung in Vormundschafts- und Nachlaß-Sachen, 5. Aufl. Heidelberg 1963

- Vermögensverwaltung in Vormundschafts- und Nachlaß-Sachen, 6. Aufl. Heidelberg 1981

Moser, Emil: Die staatliche Nachlaßfürsorge im Sinne der §§ 1960 ff, Diss. Würzburg 1906

Müller, Klaus: Der Anspruch auf Aufwendungsersatz im Rahmen von Schuldverhältnissen, in: JZ 1968, 769 ff

Müller, W.: Die Bedeutung des § 181 im Familienrecht, in: MDR 1952, 209 ff

Münch, Ingo von: Grundgesetz - Kommentar, Band 1 Präambel-Art 20, 3. Aufl. München 1985

Münchener Kommentar: Kommentar zum Bürgerlichen Gesetzbuch, Band 2: Schuldrecht, Allg. Teil, 2. Aufl. München 1985

- Kommentar zum Bürgerlichen Gesetzbuch, Band 3: Schuldrecht, Bes. Teil / 1.Hb, 2. Aufl. München 1988

- Kommentar zum Bürgerlichen Gesetzbuch, Band 3: Schuldrecht, Bes. Teil / 2.Hb, 2. Aufl. München 1986

- Kommentar zum Bürgerlichen Gesetzbuch, Band 4: Sachenrecht, 2. Aufl. München 1986

- Kommentar zum Bürgerlichen Gesetzbuch, Band 5: Familienrecht / 2. Hb., 2. Aufl. München 1987

- Kommentar zum Bürgerlichen Gesetzbuch, Band 6: Erbrecht, 2. Aufl. München 1989

Niethammer, Dieter: Die Tätigkeit der Wirtschaftsprüfer und Steuerberater ist eine selbständige Tätigkeit nach § 18 Abs.1 Ziffer 1 EStG, in: KTS 1973, 56 ff

Nipperdey, Hans Leo: Die Gestattung der Mehrvertretung durch das Vormundschaftsgericht, in: Festschrift für Leo Raape, Hamburg 1948, 305 ff

Opet, Otto / Blume, W.: Kommentar zum bürgerlichen Gesetzbuche, Familienrecht, Berlin 1906

Palandt, Otto: Bürgerliches Gesetzbuch, 48. Aufl. München 1989

Petersen, Julius / Kleinfeller, Georg: Konkursordnung, Lahr 1900

Planck, G.: Bürgerliches Gesetzbuch, Band 3: Sachenrecht, 2. Hälfte, 5. Aufl. Berlin 1938

- Bürgerliches Gesetzbuch, Band 4: Familienrecht, 3. Aufl. Berlin 1906

- Bürgerliches Gesetzbuch, Band 5: Erbrecht, 4. Aufl. Berlin 1930

- Die Haftung des Erben für Nachlaßverbindlichkeiten, in: DJZ 1899, 365 ff

Plaßmann: Die Vergütung für die Tätigkeit des Testamentsvollstreckers, in: JW 1935, 1830 ff

Pott, Werner / Dahlhoff, Willi: Verordnung über die Honorare für Leistungen der Architekten und Ingenieure, 4. Aufl. Köln - Braunfels 1985

Rau, Gunter / Dürrwächter, Erich / Flick, Hans / Geist, Reinhold: Umsatzsteuergesetz, Band 3, 5. Aufl. Köln 1987

Reichel, Hans: Prozesse des vorläufigen Erben, Jena 1911

Reichsgerichtsrätekommentar: Das Bürgerliche Gesetzbuch, Band 4: 2. Teil, §§ 1589-1921, 10,11. Aufl. Berlin 1964

- Das Bürgerliche Gesetzbuch, Band 2: Schuldrecht 1. Teil, §§ 241-413, 12. Aufl. Berlin 1976

- Das Bürgerliche Gesetzbuch, Band 2: Schuldrecht 2. Teil, §§ 414-610, 12. Aufl. Berlin 1978

- Das Bürgerliche Gesetzbuch, Band 2: Schuldrecht 4. Teil, §§ 631-811, 12. Aufl. Berlin 1978

- Das Bürgerliche Gesetzbuch, Band 3: Sachenrecht, 12. Aufl. Berlin 1979

Reichsgerichtsrätekommentar: Das Bürgerliche Gesetzbuch, Band 5: Erbrecht / 1. Teil, §§ 1922-2146,12. Aufl. Berlin 1974

Riedel, Fritz / Sußbauer, Heinrich: Bundesgebührenordnug für Rechtsanwälte, 6. Aufl. München 1988

Riedel, H.: Die Bedeutung des §181 BGB im Familien- und Erbrecht, in: JR 1950, 140 ff

Riesenfeld, S.: Die Erbenhaftung, Band 2, Berlin 1916

Riezler, Erwin: Konkurrierendes und kollidierendes Handeln des Vertreters und des Vertretenen, in: AcP 98, 372 ff

Roquette, Hermann: Mietrecht, 5. Aufl. Tübingen 1961

Rosenthal, Heinrich / Bohnenberg, Heinrich: Bürgerliches Gesetzbuch, 15. Aufl. Köln 1965

Schaetzel, Johannes: HOAI 1984, Wiesbaden 1984

Schäfer, Karl: Das Problem der verhältnismäßigen Befriedigung außerhalb des Konkurses, Diss. Frankfurt 1923

Scherer, Martin: Recht der Schuldverhältnisse des Bürgerlichen Gesetzbuches, BGB II. Buch, Erlangen 1899

Schlegelberger, Franz:: Das Zurückbehaltungsrecht, Jena 1904

Schlosser, Peter: Vollstreckungsrechtliches Prioritätsprinzip und verfassungsrechtlicher Gleichheitssatz, in: ZZP 97, 121 ff

Schlüter, Wilfried: Erbrecht, 12. Aufl. München 1986

Schmidt, Erwin: Die Geschäftsführung des Nachlaßpflegers und Nachlaßverwalters, Frankfurt 1958

Schmidt, Herbert: Anmerkung zum Beschluß des OLG Köln vom 31.7.1967, in: NJW 1968, 799 ff

- Die Vergütung des Konkursverwalters, in: RPfl. 1968, 251 ff

- Die Umsatzsteuer des Vormunds, Pflegers, Beistands, Nachlaßpflegers, Testamentsvollstreckers, Nachlaßverwalters sowie des Zwangsverwalters, in: RPfl. 1969, 229 ff

- Die Vergütung des Insolvenzverwalters - Gedanken de lege ferenda, in: KTS 1970, 147 ff

- Die Vergütung des Insolvenzverwalters, in: KTS 1981, 65 ff

- Die Vergütung des Insolvenzverwalters, in: KTS 1982, 591 ff

Schmidt, Paul: Aus dem Alltag des Nachlaßrichters, in: DRiZ 1918, 299 ff

Schnupfhagn, Hans-Wolfgang: Verwalterhaftung und Aufwendungsersatz im Erbrecht, Diss. Berlin 1985

Schumann, Alfred / Geißinger, Mathias: Bundesgebührenordnug für Rechtsanwälte, Band 1, 2. Aufl. Berlin, New York 1974

Schwab, Dieter: Familienrecht, 4. Aufl. München 1986

Siber, Heinrich: Das Verwaltungsrecht an fremdem Vermögen im Deutschen BGB, in: JherJb 67, 81 ff

Soergel, Hans-Theodor: Bürgerliches Geesetzbuch, Band 1: Allgemeiner Teil §§ 1-240, 11. Aufl. Stuttgart 1978

- Bürgerliches Gesetzbuch, Band 2/1 :Schuldrecht I /1, §§ 241-432, 11. Aufl. Stuttgart 1986

- Bürgerliches Gesetzbuch, Band 3: Schuldrecht II §§ 516-704, 11. Aufl. Stuttgart 1980

- Bürgerliches Gesetzbuch, Band 5: Sachenrecht, 11. Aufl. Stuttgart 1978

Soergel, Hans-Theodor: Bürgerliches Gesetzbuch, Band 6: Familienrecht, 11. Aufl. Stuttgart 1981

- Bürgerliches Gesetzbuch, Band 7: Erbrecht, 11. Aufl. Stuttgart 1982

- Bürgerliches Gesetzbuch, Band 1: Allgemeiner Teil, 12. Aufl. Stuttgart 1988

- Bürgerliches Gesetzbuch, Band 8: Familienrecht II, §§ 1589-1921, 12. Aufl. Stuttgart 1987

Sölch, Otto / Rengleb, Karl / List, Heinrich: Umsatzsteuergesetz, München, Stand Nov. 1986

Staudinger, Julius von: Kommentar zum Bürgerlichen Gesetzbuch, Band 1: Allgemeiner Teil, §§ 1-240, 11. Aufl. Berlin 1957

- Kommentar zum Bürgerlichen Gesetzbuch, Band 3: Sachenrecht, Teil 2, §§ 1018-1296, 11. Aufl. Berlin 1963

- Kommentar zum Bürgerlichen Gesetzbuch, Band 4: Familienrecht, Teil 3 b, §§ 1705-1921, 10/11. Aufl. Berlin 1969

- Kommentar zum Bürgerlichen Gesetzbuch, 1. Buch: Allgemeiner Teil, §§ 90-240, 12. Aufl. Berlin 1980

- Kommentar zum Bürgerlichen Gesetzbuch, 2. Buch: Recht der Schuldverhältnisse, Einl. zu §§ 241, 241, 242, 12. Aufl. Berlin 1983

- Kommentar zum Bürgerlichen Gesetzbuch, 2. Buch: Recht der Schuldverhältnisse, §§ 255-327, 12. Aufl. Berlin 1979

- Kommentar zum Bürgerlichen Gesetzbuch, 2. Buch: Recht der Schuldverhältnisse, §§ 336-386, 12. Aufl. Berlin 1985

- Kommentar zum Bürgerlichen Gesetzbuch, 2. Buch: Recht der Schuldverhältnisse, §§ 535-580 a, 2. Berarb., 12. Aufl. Berlin 1981

- Kommentar zum Bürgerlichen Gesetzbuch, 2. Buch: Recht der Schuldverhältnisse, §§ 657-740, 12. Aufl. Berlin 1980

- Kommentar zum Bürgerlichen Gesetzbuch, 3. Buch: Sachenrecht, §§ 854-872; 907-924, 12. Aufl. Berlin 1982

- Kommentar zum Bürgerlichen Gesetzbuch, 3. Buch: Sachenrecht, §§ 985-1003, 12. Aufl. Berlin 1980

- Kommentar zum Bürgerlichen Gesetzbuch, 3. Buch: Sachenrecht, §§ 1018-1296, 12. Aufl. Berlin 1981

- Kommentar zum Bürgerlichen Gesetzbuch, 4. Buch: Familienrecht, §§ 1363-1563, 12. Aufl. Berlin 1985

- Kommentar zum Bürgerlichen Gesetzbuch, 5. Buch: Erbrecht, §§ 1924-1966, 12. Aufl. Berlin 1979

- Kommentar zum Bürgerlichen Gesetzbuch, 5. Buch: Erbrecht, §§ 1967-2017, 12. Aufl. Berlin 1982

- Kommentar zum Bürgerlichen Gesetzbuch, 5. Buch: Erbrecht, §§ 2018-2057 a, 12. Aufl. Berlin 1979

- Kommentar zum Bürgerlichen Gesetzbuch, 5. Buch: Erbrecht, §§ 2197-2228, 12. Aufl. Berlin 1979

Stein, Friedrich / Jonas, Martin: Zivilprozeßordnung, 4. Band / Teilband 1 §§ 704-882 a, 20. Aufl. Tübingen 1986

Sternel, Friedemann: Mietrecht, 3. Aufl. Köln 1988

Strohal, Emil: Das deutsche Erbrecht, Band 2, 3. Aufl. Berlin 1904

Thomas, Heinz / Putzo, Hans: Zivilprozeßordnung, 15. Aufl. München 1987

Tidow: Die rechtliche Bedeutung der "Richtlinie für die Vergütung des Konkurs- und Vergleichsverwalters und der Mitglieder des Gläubigerausschusses und des Gläubigerbeirates, in: KTS 1958, 57 ff

Tschischgale, Max: Die Vergütung des Testamentsvollstreckers, in: JurBüro 1965, 89 ff

Uhlenbruck, Wilhelm: Die Vergütung des Insolvenzverwalters und der Gläubigerselbstverwaltungsorgane als Problem einer Insolvenzreform in: Festschrift für Herbert Schmidt, München 1981, 217 ff

- Von der Notwendigkeit einer Neuregelung des Vergütung im Insolvenzverfahren, in: KTS 1967, 201 ff

Weber, Helmut / Rauscher, Mario: Die Kollision von Vermieterpfandrecht und Sicherungseigentum im Konkurs des Mieters, in: NJW 1988, 1571 ff

Weiss, Eberhard: Anmerkung zum Urteil des BFH vom 4.12.1980, in: UStR 1981, 78 ff

Weißler, Adolf: Das Nachlaßverfahren, Band 2, Berlin 1920

Werner, Olaf: Die Verwertungsbefugnis in § 127 KO bei betagten Forderungen, in: KTS 1969, 215 ff

- Werterhöhung als ausgleichspflichtiger Zugewinn und erbrechtlicher Vorempfang?, in: DNotZ 1978, 66 ff

Wilmowski, Gustav von / Kurlbaum, K. / Kurlbaum, A: Deutsche Reichskonkursordnung, 6. Aufl. Berlin 1906

Wittkowsky, Curt: Die Kollision der Rechte, Diss. Königsberg i.Pr. 1911

Wolf, Ernst: Lehrbuch des Sachenrechts, 2. Aufl. Köln 1979

Wolff, Martin / Raiser, Ludwig: Sachenrecht, 10. Bearb. Tübingen 1957

Wolff, Theodor: Das Zurückbehaltungsrecht im Konkurse, in: LZ 1908, 36 ff und 107 ff

Ziegltrum, Albert: Sicherungs- und Prozeßpflegschaft (1960, 1961), Berlin 1986

Zöller, Richard: Zivilprozeßordnung, 15. Aufl. Köln 1987

Zysk, Lothar: Honoraransprüche des Rechtsanwalts für Tätigkeit als Vormund oder Pfleger, in: JurBüro 1964, 378 ff

Materialien:

Motive zu dem Entwurfe eines bürgerlichen Gesetzbuches, Band 3: Sachenrecht, Berlin 1888

- Band 4: Familienrecht, Berlin 1888

- Band 5: Erbrecht, Berlin 1888

Mugdan, Benno: Die gesamten Materialien zum Bürgerlichen Gesetzbuch für das deutsche Reich, Band 4 Familienrecht, Berlin 1899

Protokolle der Kommission für die zweite Lesung des Entwurfs des Bürgerlichen Gesetzbuches, Band 1: Allgemeiner Teil, Berlin 1897

- Band 4: Familienrecht, Berlin 1897

- Band 5: Erbrecht, Berlin 1899

Abkürzungen nach:

Kirchner, Hildbert / Kastner, Fritz: Abkürzungsverzeichnis der Rechtssprache, 3. Aufl. Berlin 1983